기다림에 필요한 것들

기다림에 필요한 것들

구현우

나를 만들어 가시는 하나님의 시간

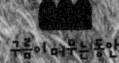

**여호와께 감사하라 그는 선하시며
그 인자하심이 영원함이로다**

시편 106:1

차례

프롤로그 010

PART 1.
멈춘 시간에 말을 걸다

모든 것을 가지고 가실 때	019
혼자 있고 싶은 시간	022
상황이 점점 나빠져 갈 때	025
얼마나 더 남았을까?	030
정답이 잔인한 말이 되는 순간	033
기다리지 못하는 이유	036
가까움이 무례함이 될 때	041
마음을 내어 주는 사람	044
낯설고 두려워도	048
이제는 못 참겠어요	052
내 기도, 내 소망, 내 계획	055

PART 2.
불안에 손 내밀다

계산된 시간, 짜 놓은 계획표	063
어둠 속을 건너는 시간	066
충분히 기다려야 하는 이유	070
사람을 볼 줄 아는 능력	072
단순히 참는 시간이 아니다	074
후회는 두 가지 모습으로 찾아온다	076
이미 돌이킬 수 없을 때	079
무서워해도 괜찮아	081
낯선 곳, 움츠러들다	083
버겁고 서툰 인내의 자리에서	088

PART 3.
초조함을 녹이다

혼자가 더 편해요	095
하나님이 하지 못하는 일	097
도망치고 싶은 날	099
물만 주면 되는 줄 알았습니다	101
내가 고쳐 줄게	104
충분히 머물러도 괜찮아	106
나의 무기력 이야기	109
빨리 퇴원하고 싶어요	112
너무 아픈데, 내일은 또 어떻게 살지?	115
하나님, 제가 정할게요	120
열리지 않는 문도 있다	123

PART 4.
빈손을 꼭 쥐다

회복이 일어나는 자리	131
기도를 들으신다는 확신이 필요할 때	134
우리는 불쌍한 사람이 아닙니다	136
기다림과 함께 지내는 법	140
우리의 거짓말	143
얼음은 부수는 것이 아니라 녹이는 것	148
모든 것을 빼앗기는 시간	150
염려가 먼저 찾아옵니다	153
분별하는 시간	156
내 곁에 두고 싶은 사람	160
어떤 것도 우리를 흔들 수 없어요	163

PART 5.
마침내, 조용히 찾아드는 은혜

혼자가 되어 보지 않고는	171
묻지 말아 주세요	174
도저히 이해할 수 없는 시간들	176
탁월함보다 중요한 것	179
기다림이 끝나면 복을 받나요?	183
너무 힘들어서 그래요	186
기도를 바꾸는 기다림	188
완벽해지는 시간이 아니다	190
불안하면 더 바빠진다	192

내 뜻대로 되지 않는 시간	195
하나님이 그곳에 계시다	198

에필로그	202

프롤로그

■

막연한 불안감이 마음을 휘감는다. 하나님이 이루실 일을 믿으며 지금까지 기다려 왔는데, 그 시간이 점점 후회로 바뀌어 간다. 처음에는 분명 확신이 있었다. 그러나 점점 믿음이 사라져 갔다. '나는 다를 줄 알았는데…….'

믿음이 흔들리니 몸이 먼저 아프다고 신호를 보낸다. 사람도 잃고, 건강도 잃고 나니 '이 기다림에 무슨 의미가 있나' 싶은 생각이 문득 올라온다. 혹시 내가 붙잡고 있는 이 믿음이, 그저 고집은 아니었을까.

한때는 기다릴 수 있다는 사실만으로도 행복했다. 기대할 수 있는 하루가 감사했다. 하지만 지금은 그 기다림이 현실을 더욱 고단하게 만든다. 언제까지 기다려야 할까. 결국 기도도 멈췄다. 삶을 가득 채우던 예배도, 날마다 입술로 고백하던 찬양도 이제는 하지 않는다.

이런 내가 과연 하나님의 약속을 받을 수 있을까? 애초에 기다림을 견딜 그릇이 아니었던 것은 아닐까? 그렇다. 나는 짧은 기다림에만 자신 있고, 긴 기다림에는 무너지는 사람이었다. 사람들과 함께 기다릴 수는 있었지만, 혼자서는 도저히 견디지 못하는 사람이었다.

모든 걸 잃고 나서야 비로소 나 자신이 보이기 시작했다. 내가 얼마나 연약한지, 내 믿음이 얼마나 얕았는지. 그런 나에게 찾아오시는 하나님이 드디어 느껴진다. 하나님마저 내버려 두신 삶이라 생각하며 끝났다고 여기던 내게, 하나님은 지금 이 자리에서 다시 시작하자고 말씀하신다.

하나님은 굳이 내가 아니어도 그분의 뜻을 이루실 수 있다. 하지만 아무하고나 함께하시지 않는다. 모든 게 잘 갖춰진 상황이라면, 기다림도 그리 어렵지 않다. 그러나 모든 것을 잃고, 아무것도 보이지 않는 자리에서의 기다림은 아무나 할 수 없다.

지금, 아무것도 없는 이 자리에서 다시 하나님을 신뢰해 보기로 한다. 잘할 수 있을지는 모르겠지만, 이제는 안다. 내가 기다린 것이 아니라, 하나님이 내 곁에서 오래도록 함께 기다려 주셨다는 것을. 그러니 다시 이렇게 말해 본다.

"하나님, 다시 씩씩하게 기다려 보겠습니다."

PART 1.

멈춘
시간에
말을 걸다

모든 것을 가지고 가실 때

괜히 기다린 것 같아 후회가 밀려온다. 애초에 내가 먼저 원한 게 아니었으니까. 그럼에도 계속 기다렸다. 사람이 아니라 하나님의 약속이라고 믿었기 때문이다.

처음에는 기다림이 그리 어렵지 않았다. 기대감이 있었기에 문득문득 기분이 좋았다. 나에게 무언가 주실 것이라는 기대와 소망에 기쁨이 가득했다. 함께해 주시는 것만으로도 그 기다림의 시간이 좋았고 감사했다. 그 시간 속에서 하나님과 이야기하며 얼마나 행복을 누렸는지 모른다.

그러나 이제는 힘들다. 그 기다림이 일상이 되니, 기쁨이 사라졌다. 끝을 알 수 있는 잠깐의 고통은 견뎌 낼 만하지만, 언제 끝날지 모르는 그 시간은 고난이 되어 버렸다. 기다리면 좋아질 거라는 주변의 말은 전혀 위로가 되지 않고, 상황은 오히려 더 나빠졌다.

기다림의 시간을 함께하며 나를 응원하고 기다려 준 고마운 사람들이 있지만 이제는 조금만 더 기다려 보자고, 그래도 희망이 있다고 말하기조차 어려워졌다. 지금까지 함께 잘 기다려 온 이들도 "그만하자! 이만큼 했으면 됐다! 이제는 멈추자!"고 말한다. 진심을 알아 줄 거라 여기며 설득했는데, 오히려 나의 진심이 오해를 부르는 상황에 다다랐다.

하나님의 약속이 이루어지는 것을 기다리다가 사람도 잃었다. 하나님만 계시면 잘해 낼 수 있다고 생각했는데, 이런 상황과 마주하니 이제는 마구 흔들린다. 부정적인 생각과 현실의 어려움이 나를 뒤덮은 지 오래다. 기다림 자체도 힘든데, 조금만 덜 힘들게 하나님이 도와주시면 좋겠다. 너무나 힘들다.

"믿음이 쉽게 무너지는 저를 불쌍히 여겨 주세요. 오늘 하루를 버틸 수 있는 은혜를 내려 주세요. 하나님……."

혼자 있고 싶은 시간

혼자 있고 싶다. 아무도 만나고 싶지 않다. 이럴 때일수록 외출도 자주하고 사람도 많이 만나야 한다고들 하지만 몸을 움직이는 것 자체가 힘들다. 사람에게 말해 봐야 아무 소용없다는 걸 깨달은 지 오래다. 내 상황을 아무리 설명해도 도리어 나를 탓하는 소리에 원망과 불평만 남을 테니.

"감사를 고백하고 찬양을 올려드려라"라는 주변의 조언은 그저 나를 공감하지 못하는 공허한 말로만 느껴진다. 나에게는 지금 말을 하고 손을 들 힘조차 없다. 말씀을 읽어도 마음에 들어오지 않는다. 기도를 더 많이 해야 하지만 목소리조차 나오지 않는다. 오히려 지금까지 열심히 기도하지 않아서 이렇게 된 것은 아닐까 하는 생각에 더욱 좌절한다. 지금은 하나님을 믿는다는 사실도 내게는 큰 도움이 되지 않는다.

아무도 없는 캄캄한 방에 혼자 누웠다. 잠은 오지 않고, 배도 고프지 않다. 끼니때가 돌아오는 것이 더욱 귀찮다. 식사 대신 걱정을 먹고 근심을 마신다. 사실 고난이 감당할 만한 시험이라고 여긴 적도 있다. 어떠한 고난도 이겨 내겠다고 베드로처럼 말하던 순간도 있다. 그러나 막상 기다림이라는 고난의 한복판에 서 있어 보니, 내 믿음의 고백은 고난이라는 파도 한 번에 금방 무너져 내리는 모래성에 불과했다.

하나님은 분명 우리가 감당할 만한 시험을 허락하신다고 하셨다. 피할 길을 내셔서 우리가 능히 감당하게 하신다고 하셨다. 그런데 기약 없는 기다림의 시간에는 이 약속이 그저 잔인한 말처럼 들린다. 그냥 하나님이 해결해 주시면 될 것을.

우리 삶에는 먹구름과 폭풍이 한꺼번에 몰려오는 순간이 있다. 출구 없는 일상이 나를 바닥으로 끌어내린다고 느껴지는 그런 시간, 점점 하나님에게서 멀어지는 것 같은 그런 시간을 마주한다. 그럴 때는 어떤 위로와 격려도 소용없다. 기다림의 시간은 아무것도 할 수 없는 시간이다. 내 상황을 아시면서도 가만히 계시는 것 같은 하나님이 원망스러운 오늘, 로뎀나무 아래 엘리야의 고백이 내 귓가에 울린다.

"주님, 이제는 더 바랄 것이 없습니다. 나의 목숨을 거두어 주십시오."

상황이 점점 나빠져 갈 때

나는 아무것도 할 수 없었다. 순종하는 것 외에는. 처음부터 내 곁에 아무도 없었기에 잃은 것도 없었다. 그래서 하나님만으로 힘을 낼 수 있었다. 내 편이 없다고 두렵거나 외롭지 않았다. 하나님이 내 편이 되어 주셨기에. 그저 부족한 나를 써 주시는 하나님에게 감사할 뿐이었다.

하지만 결과는 내 예상과는 달랐다. 하나님 말씀대로 순종하고 기다리면 상황이 변화될 것 같았다. 그렇지만 변화는 전혀 일어나지 않았다. 오히려 상황은 점점 나빠져만 갔다. 하나님을 향한 기대는 빗나가고, 낙심과 좌절이 나를 덮쳤다. 이런 삶에 도무지 의미를 찾을 수 없었다. 나는 누구도 찾아오지 못하도록 더욱 깊숙이 들어갔다.

캄캄한 그곳으로 하나님이 나를 찾아오셨다. 내가 기다린 분은 광야의 하나님이 아닌데, 기도가 응답되는 곳에서 만나는 하나님이었는데 ……. 기적이 일어나기를 소망했던 곳에서는 아무 일도 일어나지 않았다. 그러나 기대할 것이 전혀 없고, 그 누구도 찾아오지 않는 광야에서 하나님은 나를 먹이시고 쉬게 하셨다. 세미한 음성으로 나에게 말을 걸어 오셨다.

이전에는 생각하지 못했던 하나님의 계획을 알게 하셨다. 내가 간절히 원했던 것은 사실 내가 할 일이 아니었음을 알게 하셨다. 대화가 단절되면 오해만 가득해진다. 그 오해는 불신과 의심을 만들고, 결국 믿음까지 사라지게 한다. 그런 내게 하나님은 사실은 그게 아니었다고 오해를 풀어 주셨다. 무너졌던 믿음을 회복하게 하시고, 불신은 확신으로 바꾸어 주셨다.

하나님은 나 혼자가 아니라 남겨 두신 칠천 명이 있음을 알려 주셨다. 실패한 것이 아니라 내 역할이 거기까지였음을 알게 하셨다. 내 꿈을 놓아야 하나님의 꿈을 얻고, 내 계획이 실패해야 하나님의 계획이 성공한다. 내가 힘을 빼야 하나님께서 힘을 주신다. 철저하게 내가 무능해져야 하나님의 전능하심을 덧입게 된다. 모든 것을 잃었다고 생각했는데, 하나님은 모든 것을 준비하고 계셨다. 원망과 불평으로 시작했던 대화가 감사와 기대로 채워진다. 하나님의 말씀 한마디 한마디가 나에게 새 힘을 불어 넣는다.

엘리야의 하나님이 나의 하나님이다. 애써 찾지 않아도 보게 하시는 말씀, 들으려 하지 않아도 듣게 하시는 말씀, 생각하지 않아도 생각나게 하시는 말씀, 그 말씀이 나를 살린다. 고통스러운 기다림의 시간에 하나님의 말씀은 견딜힘이 된다.

"그러나 내가 이스라엘 가운데에 칠천 명을 남기리니 다 바알에게 무릎을 꿇지 아니하고 다 바알에게 입맞추지 아니한 자니라"(왕상 19:18).

혼자 생각해서 미워합니다

혼자 생각해서 오해합니다

혼자 생각해서 불안합니다

얼마나 더 남았을까?

끝을 알 수만 있어도 잘 참을 수 있다. 기다림의 끝이 언제인지 알면 좋겠다. 결승점이 눈에 보이면 숨이 차오르더라도 달릴 힘이 생기고, 기다림이 주는 보상을 알고 있으면 포기하고 싶은 순간에도 힘이 생긴다.

그런데 하나님은 언제까지 기다려야 하는지 말씀해 주시지 않는다. 결과에 대한 약속은 하셔도, 그날이 언제 올지는 전혀 알려 주시지 않는다. 도망가는 야곱에게도, 감옥에 갇힌 요셉에게도, 엘리야와 다윗에게도 마찬가지였다. 그래서 우리에게 기다림은 어렵고 힘들 수밖에 없다.

끝을 알 수 없는 기다림은 고통이 되고, 시간이 길어지면 고난이 된다. 고난이 쌓일수록 우리에게는 시험이 된다. 결국 시험은 회의감이 들게 한다. '괜히 기다렸다.' 이런 생각이 나를 사로잡는다. 그러다 끝내 기다림을 멈추게 된다.

기다림의 시간을 잘 보내기 위해서는 힘들다고 말할 수 있는 사람이 필요하다. 그런데 사람에게 말하면 원망과 불평으로 끝나기 십상이다. 대신 하나님께 한다면 그 말은 기도가 되고 소망이 된다. 분명 같은 마음을 털어 놓는데, 듣는 이가 사람인가, 하나님인가에 따라서 달라지는 것이다. 이렇듯 원망과 기도는 한 끗 차이다.

하나님께 털어 놓으라. 언제나 답은 하나님께 있다. 우리 문제는 못하는 것이 아니라 안하는 것이다. 오랜 기다림에 지쳐 아무것도 하기 싫더라도 힘을 내어 말해 보아라. 엘리야처럼 하나님께 나아가 나만 남았다고 하라. 다윗처럼 언제까지냐고 반문하라. 하나님은 우리의 원망조차도 기도로 받아 주신다.

"여호와여 내가 수척하였사오니 내게 은혜를 베푸소서 여호와여 나의 뼈가 떨리오니 나를 고치소서. 나의 영혼도 매우 떨리나이다 여호와여 어느 때까지니이까"

(시 6:2-3).

정답이 잔인한 말이 되는 순간

잠깐의 고통은 참을 수 있다. 그러나 끝이 보이지 않는 캄캄한 터널을 지나다 보면 점점 두려워진다. 처음에는 혼자서도 잘할 수 있다고 생각하지만, 시간이 흐를수록 누구에게라도 말하지 않으면 힘들게 된다. 그런데 말해 봤자, 사람들은 너무 쉽게 정답만을 말하곤 한다.

"고난을 통해 하나님이 너를 훈련시키시는 중일 거야. 이 시간을 잘 견디면 더 큰 복을 주실 거야." 누구도 부인할 수 없는 이 정답을 우리는 이미 알고 있다.

이 고난의 터널이 하나님이 주시는 복이 될 것이라는 사실을 당연히 믿는다. 하지만 그 말을 들을 때마다 소망이 생기고 기대가 되어야 하는데 전혀 그렇지 않다. 끝을 알 수 없는 기다림의 한복판에 서 있는 사람에게는 이 말이 전혀 격려나 위로가 되지 않는다. 오히려 비뚤어지고 싶은 마음만 든다.

정답이 잔인해지는 순간이 있다. 그래서 정답이 필요 없다는 말이 아니라 받아들일 시간이 필요하다는 말이다. 정답이 마음을 움직이는 것이 아니라, 오랜 기다림 가운데 지쳐 있는 그 사람의 마음을 사로잡는 것이 정답이다. 이것이 바로 사람을 위로하는 방법이다.

"힘들었지? 수고했어. 언제든지 연락해. 함께할게."
이 말이면 충분하다. 상대방이 얼마나 힘든지 나는 알 수 없다. 과도한 애정으로 내가 그 짐을 대신 짊어주려고 할 필요는 없다. 그 짐은 본인이 아닌 다른 사람이 대신 감당할 수는 없다. 그냥 묵묵히 함께해주는 것, 그것만으로도 가장 큰 힘이 된다.

모든 문제의 답이 되시는 하나님도 우리에게 정답만을 말씀하시지 않는다. 너의 힘이 되어 주겠노라고 말씀하시고, 끝까지 함께하신다. 고난의 시간은 머리로만 알고 있는 정답이 온전히 내 것이 되는 시간이다. 하나님은 기다림을 통해 그 정답을 경험하게 하신다.

"두려워하지 말라 내가 너와 함께 함이라 놀라지 말라 나는 네 하나님이 됨이라 내가 너를 굳세게 하리라 참으로 너를 도와주리라 참으로 나의 의로운 오른손으로 너를 붙들리라" (사 41:10).

기다리지 못하는 이유

너무 간절하면 오히려 기다리기가 어렵다. 그 일이 나에게 중요한 문제일수록 더욱 그렇다. 정말 중요한 일이기에 빨리 마무리가 되어야 하고, 간절히 원하는 것이기에 바로 해결되기를 바라기 때문이다.

빨리 응답되기를 바라는 우리 마음과는 달리 하나님의 시간은 천천히 흐른다. 느리게 가는 것 같은 이 시간 때문에 하나님이 나에게는 관심 없는 분으로 느껴질 때가 있다. 나사로의 이야기도 그렇다. 곧 죽을 것 같은 나사로를 위해 마리아와 마르다는 예수님에게 급히 알렸다. 빨리 오시기를 요청했다. 그러나 예수님은 급하지 않으셨다. 오히려 죽을병이 아니라며 무관심에 가까운 반응을 보이셨다.

심각한 상황이 아니었다면 예수님에게 말씀드리지 않았을 것이다. 그러나 나사로의 죽음이라는, 마리아와 마르다에게 너무나도 중요한 문제가 예수님에게는 큰 관심거리가 아닌 것 같았다.

문제가 최악으로 마무리될 때쯤에서야 예수님이 오셨다. 조금만 빨리 오셨더라면 나사로는 죽지 않았을 거라며 원망하지만 예수님은 아무런 말씀을 하지 않으신다. 사람 목숨보다 중요한 일이 도대체 무엇이었는지 이유라도 듣고 싶었지만 그럴 수 없었다.

그 대신 예수님은 눈물 흘리며 슬퍼하는 마르다와 마리아에게 다가가 함께 우셨다. 그러고 나서 이미 장례를 치르고 시신을 안치해 둔 곳에 가셔서 나사로를 부르시고, 그를 살려 내신다. 나사로는 예수님 때문에 죽은 것이 아니라 예수님 때문에 살아난 것이다.

모든 게 끝났다고 생각한 순간이라도, 주님이 끝내지 않으시면 결코 끝난 것이 아니다. 우리에게 중요하고 간절한 일은 주님에게도 중요하다. 우리 일을 절대로 가볍게 보지 않으신다. 여기서 잊지 말아야 할 것은 주님은 우리의 타이밍이 아닌, 주님의 타이밍에 응답하신다는 것이다.

바로 이 시간이 우리 믿음을 성장시키는 기다림의 시간이다. 이 시간을 원망과 분노로 보낼 것인가, 아니면 소망과 기대로 보낼 것인가는 나에게 달려 있다. 하지만 어떻게 해야 나에게 너무나도 중요한 일을, 예수님의 마음으로 기다릴 수 있을까?

꼭 내가 원하는 대로 되지 않아도 괜찮다고 생각해 보자. 오히려 내 뜻대로 되지 않는 것이 나에게는 더 좋을 수 있다고 생각해 보자. 막연한 기대의 정신 승리를 말하는 것이 아니다. 우리 삶을 인도하시는 주님을 신뢰하자는 것이다. 간절함이 깊어지면 집착이 되고, 기다림 뒤에 계시는 하나님을 보지 못하게 된다. 하지만 우리가 알지 못하는 그분의 계획이 있다. 그 계획은 우리를 위한 것이며 우리를 가장 좋은 곳으로 이끌어 가는 것이다.

내가 원하는 방향으로 되지 않아 조급해지고, 힘들어질 때, 이렇게 생각하자. 지금 주님의 뜻대로 되어 가고 있는 중이라고. 괴로워하고 절망할 것이 아니라 주님이 하실 일을 기대하는 시간이라고 말이다.

괴로운 밤을 보냈다고
아침까지 망칠 필요는 없습니다

가까움이 무례함이 될 때

살면서 내 마음대로 할 수 없는 것이 많다는 것을 알게 된다. 그런데 꼭 내 마음대로 하려는 것이 있다. 바로 가까운 사람과의 관계이다. 그 사람과의 관계가 내 생각과 다르게 흘러가면 거절감과 고통을 느낀다. 내 말을 듣지 않는 그 사람의 모습에 걷잡을 수 없는 분노가 차오른다.

친밀하고 가깝다는 것이 무례하게 행동해도 된다는 뜻은 아니다. 그런데 우리는 특히 가까운 사람에게 예의 없게 행동할 때가 많다. 관계의 가까움을 상대를 편하게 대할 수 있다는 것으로 오해한다. 그래서 쉽게 감정을 쏟아 내는 것이다. 안타깝게도 친밀해서 가질 수 있는 안정감을 믿고, 해서는 안 될 행동을 저지른다. 그리고 후회를 반복한다.

하나님과의 관계에서도 그렇다. 하나님이 내가 해달라는 대로 해주셔야 하는 분이 아닌데, 당연히 그래야 한다고 생각한다. 하나님과 가깝다고 느끼기에, 하나님이 나를 무척이나 사랑하신다는 것을 알기에 불평이 가득해진다. 왜 내 마음을 몰라 주시느냐고. 왜 내 기도에 빨리 응답해 주시지 않느냐고.

우리 마음에는 늘 내가 원하는 것을 하나님이 빨리 이루어 주셨으면 하는 바람이 있다. 이것이 나쁘다는 것은 아니다. 하지만 가까운 사람이라고 해서 그 사람의 마음까지 내 뜻대로 조종할 권리가 없듯이, 하나님도 내 뜻대로 해주셔야 할 이유가 없다.

무언가를 기다리는 시간은 우리를 예민하고 조급하

게 만든다. 그러나 우리는 그 시간을 믿음이 더욱 성숙해지는 시간으로 만들어 갈 수 있다. 기다림의 시간은 하나님의 마음을 알아 가는 시간이다. 하나님이 우리 마음을 알아주시기를 바라듯이, 우리도 하나님의 마음을 알아드리려 애써 보자. 조급해 하지 말고, 우리의 모든 시간에 동일하게 일하고 계신 하나님을 신뢰하자.

마음을 내어 주는 사람

자식을 잃었다. 재산도 사라졌다. 몸까지 망가졌다. 한 인간의 운명이 이토록 단번에 무너질 수도 있다는 것을 성경 속 욥을 통해 마주한다. 곁에서 이 모든 광경을 지켜본 아내도 차라리 하나님을 욕하고 죽는 것이 낫다고 절규한다. 그래도 욥은 하나님을 탓하지 않는다. 모든 것을 주신 분이었으니, 거두어 가시는 것도 그분의 권한이라며 묵묵히 버틴다. 자신의 삶이 이렇게까지 무너졌는데, 하나님께 단 한마디 원망을 쏟아 붓지 않는다는 건, 대체 어떤 말도 안 되는 신념인가.

아무것도 없는 텅 빈 절망 속에 남겨진 욥, 친구들이 먼 길을 찾아와 그의 곁에 앉았다. 처음엔 그들은 아무 말 없이 그저 함께하며 욥의 곁을 지켰을 것이다. 아마 그것만으로도 위로가 되었을 것이다. 하지만 침묵이 깨진 순간 모든 것이 달라졌다. 친구들은 너무나도 쉽게, 욥의 상황을 자신들의 잣대로 해석했다. "너에겐 분명 뭔가 감춰진 죄가 있을 거야. 그러니 이런 벌을 받지", "하나님은 선한 분이야. 네가 악했음이 분명해."

스스로 답을 정해 놓고 욥을 몰아세웠다. 그들의 말은 이유 없는 고난 속에서 몸부림치는 욥의 마음을 가장 아프게 하는 칼이 되었다. 그들은 욥의 고난을 마치 수학 공식처럼 풀어 내려 했다. 정해진 정답에 욥을 끼워 맞추려 했다.

우리는 자주 스스로 하나님이 된 듯이 정답을 빨리 내놓으려 든다. 하나님이 주시는 정답은 때로는 침묵, 혹은 이해할 수 없는 방식이지만, 마음을 다치게 하지 않는다. 하지만 인간이 내세우는 정답은 칼이 되어 상처를 낸다. 세상에는 분명 원인과 결과로 설명되지 않는 일들이 존재한다. 갑작스러운 이별, 끝이 보이지 않는 기다림, 설명할 수 없는 아픔들. 이런 질문들 앞에 하나님은 명확한 답을 주시지 않는다. 대신 모든 이유와 해명을 넘어, 슬픔의 한가운데서 함께 아파하신다.

예수님도 그러셨다. 눈물의 자리, 기다림의 시간 속에서 인과관계의 공식을 들이대며 우리를 가르치려 하지 않으셨다. 그저 우리 곁에서 함께 울고 아파하시며 조용히 동행해 주셨다. 하지만 우리는 아파하는 이들 곁에서 종종 진정한 '친구'가 되어 주지 못하고, 섣부른 위로와 조언으로 하나님의 역할을 도둑질하려 든다.

사실 우리는 고통당하는 사람에게 해줄 수 있는 일이 별로 없다. 그저 말없이 곁을 지켜 주는 것이 우리가 할 수 있는 유일한 일이다. 이제야 조금 알 것 같다. 위로가 필요한 사람은 '정답'을 듣고 싶은 것이 아니라 조용한 동행자를 원한다는 것을. 친구는 정답을 말하지 않는다. 차라리 아무 말 없이 곁을 지켜 주는, 흔들리지 않는 한 사람이 낫다. 그런 존재가 친구 아닐까? 정답 대신 마음을 내어 주는 사람, 나도 그런 친구로 살아가고 싶다.

낯설고 두려워도

아이에게 부모는 가장 든든한 아군이었고, 세상의 전부였다. 부모의 말은 곧 세상의 법이었고, 그 품 안이 전부였다. 그러던 어느 날, 아이가 이름표를 단 가방을 메고 낯선 시간 속으로 걸어 들어간다. 이전에는 원하지 않으면 안 해도 되고, 놀고 싶으면 실컷 놀다 쉬면 그만이었다. 이제는 하고 싶은 걸 다 할 수 없고, 누군가는 "기다리라"고 한다. 부모 품에만 있던 아이에게 세상은 어느 날 갑자기 낯설고 차갑게 느껴진다. 세상은 내 마음대로 되지 않는다는 이 단순한 진실 앞에서 아이는 얼마나 당황스럽고 두려웠을까? 거절의 말과 기다림이라는 시간. 이전에는 없던 것들이 아이의 하루를 채운다.

모든 것이 뜻대로 되었던 이유는 부모의 울타리 안에 있었기 때문이다. 하지만 세상은 넓고, 뜻대로 되지 않는 일투성이다. 이제는 낯선 새로운 세상을 배워야 하는 때다. 예전에는 뭐든 해주던 부모가, 이제는 아이에게 무력하게 보일 수도 있다. 그러나 그 시간은 반드시 필요하다. 아이도 받아들여야 하고, 부모도 믿어야 한다. '이 아이는 잘 자랄 수 있다'는 믿음 말이다.

믿음의 길도 다르지 않다. 처음에는 어려울 때마다 손을 잡아 주시고, 마음이 상할 땐 곧장 달래 주시는 하나님을 경험한다. 하지만 어느 순간부터, 하나님은 우리를 하염없이 기다리게 하신다. 그럴 때 기억해야 할 것이 있다. 아이 앞에 선 부모의 마음을 떠올려 보는 것이다.

하나님은 우리를 밀어 내시는 분이 아니다. 그 사랑은 여전하고, 그 마음은 한결같다. 우리를 더 넓은 세상으로 이끄시기 위해 기다리게 하시는 것이다. 우리의 믿음을 더 깊고 단단하게 자라게 하시려는 것이다.

비록 지금 낯설고 두려워도, 서툴고 불안해도 괜찮다. 우리는 결국 자라 갈 것이다. 믿음의 사람으로 살아간다는 건, 익숙했던 자리를 떠나 낯선 세계로 한 걸음 내딛는 용기를 배우는 일이니까.

그때 그러지 말 걸 그랬어
후회하며 시간에 갇힙니다

그때는 참 좋았는데
미련을 가지고,
시간에 머뭅니다

이제는 못 참겠어요

뭐라도 해야만 할 것 같았다. 가만히 기다리지 못하고 결국엔 내가 나서서 무언가를 할 때가 많았다. 내 노력을 이루어 가는 것이 우리 삶이라면, 내가 행하고 하나님은 그 결과를 기다리시는 것이 맞다. 하지만 우리 인생은 하나님이 행하시고 내가 기다리는 삶이다. 하나님이 약속을 하나씩 이뤄 가시는 것을 기대하고 경험하며 사는 것이 우리 인생이다.

우리는 기다림의 시간 동안 뭔가를 해 보려고 애를 쓴다. 지금의 나보다 나은 내가 되기 위해 자기계발

서도 읽고, 좋은 강의도 듣는다. "열심히 하는 자에게 성공은 저절로 따라온다. 성공하기 위해 더 큰 꿈을 꾸어라." 이런 말은 우리에게 자극이 되지만 아무리 좋은 말을 들어도 기다림의 시간이 길어지면 다른 사람의 화려한 성공과 막막하기만 한 내 삶을 자꾸만 비교하게 된다. 아직 아무것도 이루지 못한 현실에 절망하게 된다.

아브라함은 11년을 기다렸다. 하나님의 약속이 이루어질 기미가 보이지 않아서 결국 자신이 직접 이루기로 결심한다. 하나님이 아무것도 하지 않으시는 것 같아서 사라와 함께 그 약속을 이루어 가기로 결심한다. 아브라함은 하갈을 통해 아들 이스마엘을 얻게 되자 더 이상 약속을 기다리지 않아도 되었다. 하나님의 꿈을 이루어 드린 것 같았다. 하지만 그건 착각이었다.

오히려 하나님과의 관계는 멀어져 갔다. 아들을 얻었지만 하나님을 잃었다. 삶의 기쁨과 즐거움은 있었겠지만, 주님이 약속을 성취하시는 것을 맛보는 기쁨과 즐거움은 없었다. 우리는 이렇듯 조바심과 두려움 때문에 자꾸 무언가를 하려 한다. 오랜 기다림에도 포기하지 않고 하나님의 약속이 이루어질 것을 신뢰하기 위해서는 아내 사라가 아닌 하나님의 말씀을 들어야 했다.

내가 이루어 가는 일들에는 반드시 실수와 후회가 따른다. 하지만 약속을 이루시는 하나님을 기다리는 인생에는 실패가 없다. 우리는 기다림이라는 시간을 통과하며 시행착오를 겪는다. 하나님은 그 시간을 통해 우리에게 필요한 유익을 주신다. 그리고 하나님이 어떤 분인지 알아 가는 가장 큰 선물을 받는다.

내 기도, 내 소망, 내 계획

에덴. 그곳이 전부는 아니었다. 하나님이 인간에게 주신 진짜 선물은 '자유'였다. 생각할 자유, 선택할 자유. 동산의 모든 피조물은 정해진 질서 안에서 움직였다. 오직 인간만이 질문을 던지고, 의심하며, 하나님을 향해 고개를 들 수 있었다.

하나님은 인간을 조종하지 않으셨다. 우리 삶을 공식처럼 미리 짜 놓지 않으셨다. 대신 자유를 주셨다. 사랑할 자유도, 배신할 자유도. 그만큼 하나님은 우리를 사랑하셨고, 믿어 주셨다. 하지만 우리는 자주 하나님을 '내 뜻대로' 움직이려 했다. 사랑하신다면, 내가 바라는 것을 들어주셔야 한다고. 믿으신다면, 내 결정을 그대로 따라 주셔야 한다고. 하나님은 우리에게 자유를 주셨지만, 우리는 하나님을 가두어 버렸다. 내 뜻 안에.

돌이켜 보면, 내가 가장 간절히 하나님을 찾았을 때는 삶이 뜻대로 되지 않았을 때였다. 그때마다 기도가 마치 자판기 버튼 같기를 바랐다. "눌렀으니 응답해 주세요." 내 소망이 곧 하나님의 뜻이 되길 바랐고, 내 욕망을 하나님의 사랑이라 착각했다. 하나님조차 내 열정과 계획 안에서 움직이길 원했다. 그 기대가 좌절될 때마다, 하나님께 서운했고 불평을 쏟아 냈다.

그런데 이제는 조금 안다. 뜻대로 되지 않은 삶이 더 괜찮았다는 걸. 단지 시간이 지나 마음이 무뎌져서가 아니다. 절실히 원했던 것들이 사실은 꼭 필요한 것이 아니었음을 알게 되었기 때문이다. 그때는 하나님께 많이 실망하고 원망스러웠는데, 이제는 내 마음속 그림자가 조금씩 걷혀 가는 것을 느낀다. 어쩌면 하나님께서 바라시는 것이 이런 변화가 아닐까? 무언가를 이루어 내는 것이 중요했던 내가 '그렇게 되지 않아도' 하나님을 신뢰할 수 있는 사람이 되어 가는 것 말이다. 이제 내 마음은 조금씩 하나님의 마음으로 옮겨 가고 있다. 하나님은 그렇게 내 모습이 변하기를 기다려 주셨다.

PART 2.

■

불안에
손 내밀다

계산된 시간, 짜 놓은 계획표

기다림은 마음을 복잡하게 만든다. 짜 놓은 계획표도, 계산된 시간도 아무 소용이 없다. 내 뜻대로만 풀리지 않는다는 것을 처음으로 경험하는 시간이다. 희망마저 허락되지 않을 때, 불안과 조바심, 그리고 모난 짜증이 마음에 들어온다.

노예 생활을 끝낸 이스라엘 백성은 곧 가나안에 도착할 줄 알았다. 북동쪽 해변 길을 따라가면 금세 닿을 수 있었다. 그 기대가 그들을 버티게 했다. 하지만 하나님은 예상과 전혀 다른 길로 그들을 인도하셨다.

"하나님이 그들을 그 길로 인도하지 아니하셨으니 이는 하나님이 말씀하시기를 이 백성이 전쟁을 하게 되면 마음을 돌이켜 애굽으로 돌아갈까 하셨음이라"(출 13:17).

쉽게 포기하는 마음. 하나님은 그것을 아셨다. 이 길은 징벌이 아니라 보호였다. 다시 이집트로 달음질칠까 더 깊고, 더 단단하게 뿌리내리도록 하신 인도였다. 하지만 이스라엘 백성은 그 뜻을 몰랐다. 막막한 광야, 갈라지는 입술, 허공을 떠도는 욕망. 그들은 하나님의 뜻보다 자신의 허기와 분노가 먼저였다. 보이지 않는 신이 아니라 눈앞의 모세부터 붙들고 화를 토해 냈다.

우리도 이스라엘 백성과 다르지 않다. 서두르기를 좋아한다. 빠른 답, 확실한 결말, 지름길을 선호하고, 장애물을 만나면 쉽게 낙심한다. 그러나 하나님이 인도하시는 삶은 그런 길이 아니다. 뜻밖의 돌부리를 만나고, 기대와 실망을 반복하며 갈망과 포기를 오간다.

하나님은 빨리 가길 원하지 않으신다. 함께 오래 가길 원하신다. 느리더라도 끝까지 걷는 것을 더 귀하게 여기신다. 인생의 공허와 불안, 외로움과 변화 가운데서 하나님 앞에 무릎 꿇은 모습, 하나님을 신뢰하는 마음을 보신다.

우리는 자주 의심 한다. 기대가 잿더미가 되고, 소망이 불안으로 무너질 때, 하나님의 인도하심을 의심하게 된다. 그러나 꼭 기억해야 한다. 우리는 방향만 보지만, 하나님은 전체를 보신다는 사실을. 길이 어긋나도, 시간이 틀어져도, 하나님은 언제나 앞서 우리를 인도하고 계신다.

어둠 속을 건너는 시간

하나님의 약속은 사람이 대신 이룰 수 없다. 약속하신 분이 직접 이루신다. 우리가 할 일은 기다리는 것뿐이다. 문제는, 그 기다림에 끝이 보이지 않는다는 데 있다. 끝이 보이면 버틸 만하다. 오늘을 견디면 내일이 오고 하루하루를 세는 동안 기대가 자란다. 하지만 언제일지 모르면 지친다. 기다릴수록 믿음은 희미해진다. 그래서 우리는 조용히 포기한다. 아브라함과 사라도 그랬다. 더는 기대하지 않았다. 결국 그만두었다

그러던 어느 날, 하나님이 다시 오셨다. 아브라함은 기뻤지만 믿지 못했다. 아내에게도 알리지 않았다. 괜한 기대, 더는 하고 싶지 않았다. 하나님은 한 번 더 말씀하셨다. 사라는 웃었지만, 약속은 비웃음 속에서도 이루어졌다.

사람은 자신을 배신한 이를 쉽게 받아들이지 못한다. 한번 깨진 믿음은 되살리기 어렵다. 그러나 하나님은 다르셨다. 믿지 못하고, 실수하고, 흔들렸던 그들을 버리지 않으셨다. 그 약속은, 흔들리는 손에도 쥐어졌다. 그리고 완벽하지 않은 사람들을 통해 이루어졌다.

결국 신앙이란, 흔들림 속에서 다시 마음을 추스르는 일이 아닐까. 흔들린다고 실패가 되는 것은 아니다. 하나님은 우리의 실수를 실패로 남기지 않으신다. 때로는 맨손으로 어둠을 건너는 것 같은 시간 속에서, 내가 손을 놓아도 하나님은 끝내 나를 놓지 않으신다.

하나님은 신실하시다. 결코 포기하지 않으시는 사랑이다. 그리고 기다림의 시간은 그 진실을 조용히 우리에게 알려준다.

마음에 들지 않는다고
다 바꿀 수는 없다
하나만 바꿔 보자

미래의 일로 염려하지 말고
지금 할 수 있는 것을 적어 보자

충분히 기다려야 하는 이유

감당하기 힘든 슬픔은 쉽게 지나가지 않는다. 슬픔의 크기 때문이기도 하고, 그만큼 진심을 다했기 때문이기도 하다. 간절했기에 상실감도 크다. 잠깐 만난 사람과의 이별은 금방 잊힌다. 오랫동안 사랑했던 사람과의 이별은 오래 남는다. 며칠 준비한 시험의 실패는 금방 지나간다. 인생을 건 시험의 실패는 나를 완전히 주저앉힌다.

얕은 상처는 시간이 지나면 낫는다. 하지만 깊은 상처는 그냥 내버려 두면 점점 악화된다. 소독하고 꿰

매야 한다. 움직이지 말고, 쉬어야 한다. 제대로 치료하지 않으면 상처는 더 깊어진다. 때로 우리는 슬픔을 빨리 넘기려다 더 아파진다. 억지로 괜찮은 척하다가 내면이 더 망가질 때도 있다. 억지로 빨리 나으려 하기보다는 제대로 회복하는 것이 먼저다.

어쩌면 기다림의 시간은 하나님께서 우리의 상처를 치유하시는 과정일지도 모른다. 그 시간을 억지로 줄이려 하지 말자. 하나님께서 일하실 시간이 필요하다. 기다림 속에서 하나님께 맡기는 것은 내 뜻이 아닌 하나님의 뜻을 따라 걷는다는 것이다. 내 계획이 아닌 하나님의 흐름에 순종하는 것이다. 나의 욕심이 아닌, 하나님의 마음을 배우는 것이다. 지금 기다림의 시간을 보내고 있다면, 하나님과 충분히 보내자. 그게 가장 먼저다.

사람을 볼 줄 아는 능력

대부분 선물을 준비할 때 포장에도 신경을 쓴다. 고민 끝에 고른 선물과 정성스레 쓴 카드만으로도 감동을 주는 걸 알면서도 그렇다. 상대방이 받는 순간부터 기분 좋았으면 하는 마음 때문이다. 그리고 선물을 주는 나도 조금은 돋보이고 싶은 마음도 들어가 있다.

사람을 대할 때도 마찬가지다. 겉모습이 중요해 보일 때가 있다. 단정히 차려입었을 때와 편한 옷차림일 때, 사람들은 전혀 다르게 반응한다. 그러면서도 우리는 겉만 보고 판단하는 사람을 싫어한다. 눈에 보이는 것으로 성격이나 능력을 함부로 평가하는 사람을 불편해한다.

하나님은 겉이 아니라 마음을 보신다. 사람이 놓치는 본질을 하나님은 정확히 보신다. 하지만 우리는 그 본질을 쉽게 보지 못한다. 내면을 보려면, 직접 경험해 봐야 한다. 시간이 걸리고, 기다림이 필요하다.

기다림의 시간도 그렇다. 그냥 봐서는 알 수 없다. 우리는 기다림이 짧을수록 좋다고 생각한다. 빨리 끝날수록 은혜라고 여긴다. 그러나 기다림은 시간이 아닌 태도의 문제일 수 있다. 그 시간을 어떻게 보내느냐에 따라 내 안에 자라는 것이 달라진다. 하나님은 기다림을 통해 우리의 조급함을 벗기시고, 한계 너머에 계신 하나님을 보게 하신다. 기다림이 길든 짧든 그 과정 가운데 경험하는 하나님의 은혜에 집중하자. 그 끝에서 내가 어떤 사람이 되어 있을지 기대하며 그 모습을 바라보자.

단순히 참는 시간이 아니다

어렸을 때, 어머니는 감을 사 오시면 그늘에 두셨다. "몽글해지면 먹어." 기다렸다 먹으라 하셨지만, 나는 늘 그 즉시 몰래 베어 물곤 했다. 혀가 얼얼해질 줄 알면서도, 그 감을 너무나 사랑했기 때문이다.

막 쪄낸 찐빵, 갓 지은 밥, 방금 끓인 국은 따뜻할 때 먹어야 제맛이다. 하지만 기다려야만 제맛을 내는 것도 있다. 감이 그렇다. 시간이 지나야 떫은맛이 사라지고 속이 달콤함으로 채워진다.

사람들은 더 빨리, 더 높이, 더 많이를 향해 달린다. 곧바로 손에 넣고 싶어 하고, 빨리 성공하길 원한다. 하지만 진짜 값진 것들은 기다림 속에서 자란다. 인생에는 반드시 기다림이 필요하다. 감이 익듯, 우리도 인내와 경험, 시간 속에서 깊어지고 단단해진다.

기다림은 단순히 '참는 시간'이 아니다. 그 속에는 보이지 않는 하나님의 준비와 회복의 과정이 있다. 아물지 않은 감정에는 시간이 필요하고 미숙한 실력은 연습과 실패를 거쳐 빛을 낸다. 우리는 충분한 기다림 속에서 자신을 더 깊이 알게 된다. 부족함도, 두려움도, 진짜 소망도 그 시간을 통해 선명해진다.

조급함은 덜 익은 감을 베어 물게 한다. 어린 날의 내 모습처럼. 맛있는 열매는 하나님의 시간 안에서 자란다. 쉽게 얻은 성공은 금세 무너지지만, 충분히 기다린 삶은 깊은 결을 남긴다. 후숙된 과일처럼, 하나님의 시간은 우리 삶을 달콤하게 만든다. 이것이 하나님의 법칙이다.

후회는 두 가지 모습으로 찾아온다

'그때 그렇게 했더라면…….'
'그때 그렇게 하지 않았더라면…….'

"해도 후회, 안 해도 후회"라는 말처럼 후회라는 감정은 어떤 상황이든 고개를 내민다. 둘 다 지금 내 삶이 마음에 들지 않아서다. 그래서 과거의 나를 탓하고 스스로를 죄인처럼 몰아세운다. 결국 후회의 감옥에 자신을 가두고 만다. 그래서 우리는 후회하지 않기 위해 결정을 미룬다. 실수하지 않으려고 망설이고 주저한다.

사람들은 자주 '만약'을 떠올린다. 다르게 선택했다면 지금은 달라졌을 거라고 믿는다. 하지만 정말 그럴까? 인생은 함수가 아니다. 변수를 바꾼다고 항상 결과가 달라지진 않는다. 우리가 알 수 없는 수많은 것들이 지금 이 모습을 만든 것이다.

곰곰이 생각해 보면, 그때의 나도 그 순간에는 최선을 다했다. 더 중요해 보이는 것을 택했고, 그게 옳다고 믿었기에 그 길을 선택한 것이다. 나쁜 선택을 한 적은 없다.

우리가 인정해야 할 것은, 아무리 최선을 다해도 항상 최고의 결과가 나오지는 않을 수도 있다는 사실이다. 내가 기대한 결과가 아니라도, 그 과정을 모두 부정할 필요는 없다. 지나간 시간을 붙들고 괴로워하지 않아도 된다.

후회는 우리를 과거에 묶는다. 현재를 잃는다. 미래도 사라진다. 그러니 후회를 두려워하지 말자. 후회는 자연스러운 감정이다. 실수도, 아쉬움도, 인생의 한 부분이다. 중요한 건 후회에 빠져 멈춰 버리지 않는 것이다.

이미 돌이킬 수 없을 때

무언가 잘못되었음을 깨달았을 때는 이미 너무 멀리 와 버린 뒤였다. 그제야 시간이 아깝고, 돌이킬 수 없는 일들이 가슴을 저민다. 조금만 더 기다렸다면 조금만 덜 성급했다면……. 하지만 우리는 늘 서두르고 성급하게 판단하고 행동해서 결국에는 후회한다.

성경 속 다윗도 그랬다. 자신의 죄를 감추기 위해 한 신하를 죽게 만들고, 그의 아내를 자신의 아내로 삼았다. 아이까지 태어나고 모든 것이 잘 풀리는 것처럼 보였다. 하지만 하나님은 속지 않으셨다. 아이는 병이 들었고, 다윗의 금식 기도에도 끝내 아이는 7일 만에 죽고 말았다. 그런데 아이가 죽은 후, 다윗은 뜻밖의 행동을 했다. 몸을 씻고, 옷을 갈아입고, 평소처럼 식사를 했다.

의아해하던 신하들이 묻자 다윗은 이렇게 말했다. "아이가 살아 있을 땐 내가 할 수 있는 최선을 다했다. 하지만 이제는 받아들일 수밖에 없다." 다윗은 후회에 빠져 자신을 몰아세우지 않았다. 그날 이후 다윗은 같은 실수를 반복하지 않았다. 자신 때문에 남편과 아이를 잃은 여인을 평생 사랑하며 살았다.

우리는 완벽하지 않다. 선택에 후회가 없을 순 없다. 하지만 같은 후회를 반복하지 않는 것, 그것이 진짜 회복이다. 지나간 일을 자꾸만 생각하다 보면 후회의 담을 쌓게 된다. 그리고 그 담은 현재와 미래를 가두는 감옥이 된다. 후회에 오래 머물러서는 안 된다. 잠깐이면 충분하다.

무서워해도 괜찮아

롤러코스터는 처음이었다. 겁나진 않았다 자신 있었다. 하지만 예상보다 훨씬 높았다. 아찔할 정도로 빨랐다. 이리저리 돌았다. 거꾸로도 돌았다. 하늘로 솟구쳐 올랐다가 순식간에 떨어졌다. 나도 모르게 "악" 소리가 나왔다. 후회했다. 직접 타 보니 달랐다. 남들은 소리치며 즐겨도, 나는 아니었다. 나와 맞지 않았다.

인생도 그렇다. 잘될 때는 괜찮다. 하지만 떨어질 때는 무섭다. 예상치 못한 변화, 불안, 두려움이 몰려온다. 잘해 낼 줄 알았는데, 막상 그 시간이 닥치니 달라진다. 그저 언제쯤 이 롤러코스터에서 내릴 수 있을지만 생각하게 된다.

우리는 잊고 산다. 흔들림 없이 지켜 주시는 하나님이 늘 우리와 함께하신다는 사실을. 아무리 단단한 안전장치가 있어도 두려움이 사라지지는 않는다. 안전바를 꽉 잡고 있어도 겁이 나는 건 어쩔 수 없다. 사람 마음이란 게 그렇다. 그래서 더욱, 하나님이 필요하다.

하나님은 어둠을 가르는 빛이신 분, 잠들지 않는 눈으로 우리를 지키시는 분, 그분의 마음은 변하지 않는다. 다리에 힘이 풀릴 때마다 넘어지지 않도록 두 팔로 우리를 감싸 안으신다. 그래서 우리는 무섭더라도 괜찮다.

"내가 평안히 눕고 자기도 하리니, 나를 안전히 살게 하시는 이는 오직 여호와이시니이다" (시 4:8).

낯선 곳, 움츠러들다

누가 봐도 성공한 인생이었다. 최고의 교육, 특별한 신분. 이집트의 왕자였던 모세에게 걱정이란 없어 보였다. 그 선택을 하기 전까지는. 그것은 용기였을까, 아니면 무모함이었을까? 자신의 정체성을 잊지 않았던 모세는 억압받던 동족을 돕기 위해 이집트 군인을 죽였다. 그날 이후, 그는 살인자가 되었다.

도망칠 수밖에 없었다. 숨어야만 했다. 자랑스럽던 신분도, 이집트에서의 영광도, 심지어 의로운 행동마저 이젠 후회로 남았다. 빛나던 자리를 떠나, 먼지

날리는 들판에서 양을 치며 사십 년을 보냈다. 다시는 누구도 돕지 않겠다고 다짐했다. 그가 아들을 낳고, 이름을 '게르솜'이라 지었다. 낯선 곳에서 움츠러든 이방인 같은 심정이라는 의미였다.

"그가 아들을 낳으매 모세가 그 이름을 게르솜이라 하여 가로되 내가 타국에서 객이 되었음이라 하였더라"

(출 2:22).

지나간 시간이 떠오를 때마다 스스로를 탓했다. "그때 돕지 않았더라면, 사랑하지 않았더라면, 이렇게 모든 걸 잃진 않았을 텐데." 왕자에서 살인자, 영웅에서 반역자가 된 모세는 모든 것을 잃었다고 생각했다.

그의 인생은 비극 같았다. 자신을 어디에도 속하지 못한 사람이라고 여겼다. 하지만 하나님은 그를 그대로 내버려 두지 않으셨다. 두 번째 아들이 태어났을 때, 그는 아이의 이름을 '엘리에셀'이라 지었다.

"내 아버지의 하나님이 나를 도우사 바로의 칼에서 구원하셨다"(출 18:4) 는 의미였다. 모세는 비로소 깨달았다. 이집트에서 무사히 빠져나온 것도, 사십 년 동안 군대가 자신을 찾지 못한 것도, 모두 하나님의 도우심이었다는 것을.

삶은 우리를 조급하게 만들고, 때로는 잘못된 결정을 하게 한다. 의도치 않은 선택에 후회하게도 한다. 그러나 하나님은 그런 우리를 그냥 두지 않으신다. 아무것도 보이지 않는 시간을 지나면서 우리를 다듬으시고, 생각과 마음을 바꾸어 가신다. 지금 마치 도망치듯 살아가고 있다 해도, 두려움에 쫓기고 있다 해도, 하나님은 내 삶을 전후좌우로 감싸 안고 계신다. 단 한 순간도 놓치지 않으신다.

WAIT

실수를 기록하며 살 것인가
은혜를 기억하며 살 것인가

버겁고 서툰 인내의 자리에서

후회는 남는다. 무엇을 해도, 무엇을 하지 않아도. 사람들에게 물었다. 가장 후회되는 일이 무엇이냐고. 대부분 하지 못한 일이라고 말했다. 한 일은 어떤 결과라도 남지만, 하지 못한 일은 더 오래, 더 깊이 후회만 남을 뿐이다.

기다림도 마찬가지다. 괜히 기다렸다고 후회하는 경우는 드물다. 대부분은 기다리지 못한 순간을 후회한다. 조금만 더 참았더라면. 조금만 더 기다렸더라면. 중간에 멈추지 말걸.

무언가를 선택할 때 우리는 늘 두려움을 느낀다. 망설이고, 포기하려 한다. 그러나 하지 않은 일의 그림자는 더 길고, 더 깊게 드리운다. 그러니 한 번쯤은 해 보자. 한 번쯤은 끝까지 기다려 보자.

망설임 속에 멈춘 자리에는 아무것도 자라지 않는다. 하지만 한 번쯤은 해 보겠다는 선택에는 실패든, 상처든, 살아 낸 흔적이 남는다. 그것은 하나님이 함께하신 흔적이다. 내 삶을 붙드신 은혜의 흔적이 거기에 있다. 그렇게 모인 흔적들이 믿음이 된다.

PART 3.

초조함을
녹이다

혼자가 더 편해요

잘 준비했고, 잘 달렸다. 그런데 시간이 흐르자 무릎이 아파왔다. 포기라는 단어가 머릿속을 스쳤다. 다시 일어섰다. 천천히 걷더라도 완주하겠다고 마음먹었다. 그렇게 갈 수 있었던 건 함께 달리는 이들이 있었기 때문이다. 옆에서 응원해 주는 이들, 말없이 옆을 지켜 주는 이들이 내 발걸음을 멈추지 않게 했다.

혼자 달리면 빠를 수 있다. 편할 수 있다. 하지만 오래 달리지는 못한다. 홀로 걷다 멈추는 게 얼마나 쉬운 일인지 우리는 안다. 그러나 함께라면 다르다. 흘린 땀과 수고도 누군가와 나눌 때 사뭇 다르게 느껴진다. 힘겨운 시간도, 누군가의 미소 한 번, 응원의 손길 하나면 생각보다 오래 버틸 수 있다. 함께하는 힘은 정말 대단하다.

가끔은 혼자 있고 싶다. 누구도 만나고 싶지 않고, 내 모습을 보이고 싶지 않아 숨어 버리고 싶을 때가 있다. 외로움이 깊어지면 하지 말아야 할 선택을 하기도 한다. 지금까지의 노력을 부정하고, 모든 것을 놓아 버리게 만든다.

결정적인 순간에, 혼자 있지 말자. 기다릴 힘이 없을지라도 곁에 단 한 사람만 있다면 우리는 잘 이겨 낼 수 있다. 문제는 기다림의 시간이 길어서가 아니다. 진짜 두려운 건, 내 곁에 아무도 없다는 것이다. 두 사람이 함께 있으면 낫다. 한 사람이 넘어지면 다른 한 사람이 그를 일으킨다. 세 겹 줄은 쉽게 끊어지지 않는다. 함께일 때, 우리는 더 강해진다.

하나님이 하지 못하는 일

아무도 나를 기억하지 않는 저녁, 아무도 없는 집에 돌아오면 나도 모르게 혼자라는 생각에 빠진다. 하나님이 곁에 계시지 않는 것처럼 느껴지고 적막이 온몸을 감싼다. '언제나 함께하신다'는 말은 단순한 구호가 아니다. 내 삶 전체를 관통하는 진실이다. 그런데도 외로움이 밀려오면 그 사실을 체감하기란 쉽지 않다. 우리는 다른 사람의 눈치는 보면서도 하나님의 시선은 자주 잊는다. 그래서 기억하고 연습해야 한다. 매일 떠올리지 않으면 어느새 잊고, 모른 채 살아가게 되니까.

하나님은 이런 우리의 약함을 아신다. 그래서 때로는 철저하게 외로운 순간을 허락하신다. 그 고독 속에서 우리는 처음으로 하나님과 단둘이 있는 경험을 하게 된다. 그 시간은 믿음을 단단하게 만든다. 그러고 나서 삶의 변화가 일어난다. 누가 보든 말든, 하나님이 보신다는 이유만으로 해야 할 일을 하게 되고, 피해야 할 일은 멈추게 된다. 사람의 칭찬이 아닌, 하나님에게서 힘을 얻게 된다.

하나님이 하지 못하시는 것이 한 가지 있다. 우리를 혼자 두는 일이다. 그분은 결코 우리를 홀로 버려두지 않으신다. 사람이 닿을 수 없는 가장 외진 곳이더라도 하나님은 찾아오신다. "내가 새벽 날개를 치며 바다 끝에 가서 거주할지라도 거기서도 주의 손이 나를 인도하시며 주의 오른손이 나를 붙드시리이다"(시편 139:9-10). 그렇게 하나님은 언제나, 나와 함께하신다.

도망치고 싶은 날

첫째 아이가 내 키를 따라잡았다. 둘째 아이도 엄마 키와 비슷해졌다. 첫째 아이는 내 옷을 입고, 둘째 아이는 엄마 옷을 입는다. 이렇게 빨리 클 줄이야. 같이 먹고, 같이 자고, 그저 평범한 일상을 보냈을 뿐인데 어느새 훌쩍 자랐다.

농부는 씨를 뿌리고, 잡초를 뽑고, 물을 준다. 그런데 씨앗은 알아서 싹이 튼다. 언제 자란 걸까? 어느새 곡식이 익어 있다. 정확히 어떻게 자랐는지는 모른다. 하지만 확실히 자라났다. 한번 심긴 씨앗은 스스로 자리를 옮길 수 없다. 주어진 자리에서 햇볕을 견디고, 비를 맞고, 바람을 버틴다. 어두운 밤도 피할 수 없다. 그 자리를 지켜야 한다. 그래야 자란다.

삶도 그렇다. 특별한 사건이 아니라 하루하루 쌓이는 일상이 우리를 자라게 한다. 그 일상에는 외로움이 있고, 기다림이 있다. 아무도 나를 찾지 않는 밤도 있고, 도망치고 싶은 날도 있다. 그럼에도 그 자리를 지키는 것, 그 시간을 견디는 것, 그것이 우리를 자라게 한다.

매일이 무료하고, 평범한 하루처럼 느껴진다. 얼마만큼 컸는지도 모른 채 답답하게 흘러가는 날들. 심지어 어떤 열매가 자라고 있는지 잘 모를 때도 있다. 그래도 괜찮다. 알아 내려 애쓰지 않아도 괜찮다. 하나님은 알고 계신다. 하나님은 내 삶에 반드시 열매를 맺게 하실 것이다. 우리는 오늘을 그저 잘 살아 내면 된다.

물만 주면 되는 줄 알았습니다

나는 식물을 잘 못 키운다. 산세베리아나 선인장처럼 쉽게 죽지 않는 식물조차 6개월을 넘기지 못했다. 식물은 그냥 물만 주면 되는 줄 알았다. 알아서 자라는 줄 알았다. 아니었다. 창문을 열어 공기를 쐬게 해줘야 했다. 분갈이도 필요했다. 신경 써야 할 게 한두 가지가 아니었다. 물을 너무 자주 주면 오히려 뿌리가 상했다. 햇빛이 많이 드는 곳이라고 무조건 좋은 것도 아니었다. 적당한 햇빛이 필요했다.

이렇게 작은 식물 하나조차 잘 자라기 위해 세심한

보살핌이 필요하다는 걸 뒤늦게 알게 됐다. 그리고 문득 우리 삶도 마찬가지라는 생각이 들었다. 우리 역시 스스로의 힘만으로는 온전히 자라기 어렵다. 식물이 정원사의 손길로 조심스레 가꾸어지듯, 우리 인생에도 하나님의 세심한 돌봄이 필요하다. 무언가를 애써 바라던 시간들, 답 없는 질문 앞에서 조용히 숨 고르던 밤들. 그 모든 순간은 하나님께서 우리를 아름다운 정원으로 가꾸어 가시는 기다림의 시간이었다.

삶의 대부분은 기다림으로 채워진다. 이 시간을 어떻게 보낼지는 우리 몫이다. 그저 흘려보낼 수도 있고, 하나님의 섬세한 '가드닝'(gardening)을 느끼며 살아갈 수도 있다. 기다림조차 의미 있게 만드는 건, 결국 우리의 마음가짐이다.

폭우가 쏟아지는 날

따뜻한 실내

하나님의 평온함

내가 고쳐 줄게

2년 동안 아팠다. 병원을 떠돌았고, 약은 쌓여 갔으며 몸무게는 계속 빠졌다. 걷는 것도 버거웠고, 귀에서는 종일 윙윙 이명이 들렸다. 밤에는 잠을 거의 이루지 못했다. 치료는 여러 번 시도했지만 일상은 달라지지 않았다. 오히려 점점 나빠지기만 했다.

나는 원래 건강에 자신 있던 사람이었다. 누가 시키지 않아도 일을 시작했고, 언제나 가장 먼저 나오고 가장 마지막까지 남았다. 그런데 어느 순간, 모든 게 멈췄다. 하루 종일 멍하니 앉아 있는 날이 반복됐다.

약을 한 움큼 삼킬 때마다, 밤새 잠을 이루지 못하고 아침을 멍한 얼굴로 맞을 때마다, 안정제를 찾아 헤매던 밤마다 괴로웠다. 정말 괴로웠다.

고통이 계속되던 어느 날, 아내가 말했다. "그동안 쉬지 않고 달렸잖아. 기계도 중간에 멈춰 점검하는데, 당신도 멈춰야 해. 고쳐야 다시 달릴 수 있어."

그랬다. 나는 연료가 떨어진 차가 아니라 고장 난 차였다. 부품을 갈아야 다시 달릴 수 있는 차. 그 말을 들은 후, 조금씩 현실을 받아들이기 시작했다. 이제 병원에 가는 게 싫다는 말은 하지 않았다. 기쁜 마음은 아니었지만 스스로 발걸음을 옮길 수 있게 되었다.

억지로 현실을 받아들이면 마음속 저항감만 커진다. 그래서 기다림의 시간이 필요하다. 현실을 조금씩 받아들일 시간 말이다. 그래야 포기하지 않고 버틸 수 있다. 지치고 아픈 우리에게 하나님은 이렇게 말씀하신다. "내가 고쳐 줄게. 걱정하지 않아도 돼."

충분히 머물러도 괜찮아

기도는 하고 있었다. 그런데 매일 같은 기도를 언제까지 해야 할지 몰랐다. 그 사실이 나를 지치게 했다. 기도해도 달라지는 게 없었다. 점점 낙심하게 되고, 결국 포기하고 싶다는 마음이 커졌다. 특히 원하던 대로 되지 않을 때, 결과가 뻔히 보일 때, 기도조차 멈추게 된다. 희망도 사라진다.

포기는 이렇게 온다. 내 뜻대로 되지 않을 때, 더는 가능성이 없다고 느낄 때, 모든 걸 정리하고 거기서 멈추는 것이다. 하지만 받아들임은 다르다. 결과를 인정하되 멈추지 않고 한 걸음 더 내딛는 것이다. 포기는 결과를 내 손에 두려 하고, 받아들임은 결과를 하나님께 맡기는 것이다. 포기는 현재만 바라보지만, 받아들임은 하나님의 때를 바라본다.

둘 다 쉽지 않다. 과정을 인정해야 하기에 상처가 따르고, 시간이 걸린다. 하지만 결정적인 차이는 다음 행동이다. 포기는 걸음을 멈추게 하고, 받아들임은 계속 걷게 한다. 멈추는 순간, 그 자리가 끝이 된다. 하지만 계속 나아가면, 어떤 결과가 기다릴지 아무도 모른다.

믿음은 결과를 보고 나아가는 것이 아니라 걷기 시작할 때 결과를 만나는 것이다. 결과를 알기 때문에 멈추는 것이 아니라 기다림을 멈추지 않을 때, 우리는 결과를 보게 된다.

앞이 보이지 않을 때가 있다. 막막해서 대체 어디로 가야 할지 모를 때가 있다. 그래도 나는 멈추지 않으려 한다. 아직은 보이지 않는 하나님의 손길을 조심스레 기다리며 한 걸음씩 내딛는다. 그렇게 기다리고 또 기다리다 보면, 결국 가장 좋은 때에 하나님이 마련하신 선하고 따뜻한 결과를 마주하게 되리라 믿는다.

나의 무기력 이야기

하나님은 모세의 뒤를 이어 여호수아를 새로운 리더로 세우셨다. 여호수아는 원래 모세의 시종이었다. 사람들은 그가 이스라엘 백성을 이끌 지도자가 될 거라 생각하지 않았다. 하지만 그는 사람들이 뽑은 리더가 아니라 하나님이 선택한 사람이었다.

미디안 사람들이 이스라엘을 괴롭혔다. 추수할 때마다 쳐들어와 곡식을 빼앗아 갔다. 이스라엘 백성은 강한 지도자가 나타나 문제를 해결해 주길 바랐다. 그때 하나님은 기드온을 부르셨다. 그는 미디안 사람들이 두려워 숨어서 포도주 틀에 곡식을 타작하고 있었다.

사람들의 기준으로 보자면 여호수아도, 기드온도 자격 없는 인물이었다. 하지만 하나님은 그들을 선택하셨다. 결국 여호수아는 이스라엘을 가나안까지 이끌었고, 기드온은 300명만으로 이스라엘을 구원했다. 처음부터 두 사람 모두 자신이 부족하다고 생각했다. 그러나 하나님은 그들을 믿어 주셨고 그 믿음이 그들을 세웠다.

하나님을 신뢰한다고 곧바로 특별한 능력이 생기는 것은 아니다. 두려움은 여전히 우리 안에 남아 끊임없이 흔들리게 한다. 하지만 하나님의 신뢰는 버틸 수 있는 용기와 힘이 된다. "왜 하필 나인가?" 그 질문의 답은 내게 없다. 하나님이 택하신 것이다. 하나님이 나를 믿으신다는 사실이 나를 다시 일어서게 만든다.

지치고 포기하고 싶은 오랜 기다림의 시간에도 그분은 여전히 나를 신뢰하신다. 그 믿음이 절망 속에서도 희망의 끈을 놓지 않게 한다. 여호수아를 믿어 주셨던 하나님. 기드온을 믿어 주셨던 하나님. 그리고 지금 나를 믿어 주시는 하나님이 내 곁에 계신다.

빨리 퇴원하고 싶어요

병실 창문 너머의 풍경이 부럽게 느껴질 때가 있다. 얼마 전까지만 해도 바깥에서 보내는 일상이 너무나 당연하게 여겨졌는데, 그 당연함이 어느새 멀어져 버렸다. 병실에서의 하루는 유난히 길다. 시간도 천천히 흐른다.

인생에는 여러 기다림이 있지만, 그중에서도 병원에서의 기다림은 가장 힘든 시간 중 하나다. 치료가 길어질수록 걱정과 조급함이 커진다. 하지만 그 시간, 우리가 할 수 있는 일은 거의 없다. 그저 낫기를 기다리는 것뿐이다.

치료도 수술도 사람이 하는 일이지만, 완전한 회복은 사람의 힘만으로 되는 일이 아니다. 의료진이 할 수 있는 일을 다 마친 뒤에는, 기다림이라는 시간이 찾아온다. 아무리 서둘러도 앞당길 수 없는 시간. 밥과 약을 잘 챙겨 먹고, 의사의 지시에 잘 따르는 것이 전부일 때가 있다. 그렇게 보내는 날들이 답답하고 무력하게 느껴질지라도, 회복에는 반드시 시간이 필요하다.

병상에서의 기다림은 꼭 필요한 시간이다. 빨리 나아야겠다는 조급함이 회복을 망칠 수 있다. 중요한 것은 빨리 낫는 것이 아니라 늦더라도 제대로 회복되는 것이다. 병상에서의 시간은 결코 헛되지 않다. 이 시간은 다시 건강하게 살아가기 위한 하나님의 준비 과정이다.

우리가 손댈 수 없는 곳마다 하나님의 손길이 닿아

있다. 불안해하지 말자. 하나님은 오늘도 우리를 치료하고 계신다. 너무 조급해하지 말자. 회복은 더디지만 반드시 온다.

너무 아픈데, 내일은 또 어떻게 살지?

병상에 누워 있으니 할 수 있는 일이 없다. 시간은 느리게 흐르고, 자꾸 생각만 많아진다. 가만히 있으니 평소 하지 않던 생각이 하나둘 씩 떠오른다. 후회, 아쉬움, 자책……. "그때 그렇게만 하지 않았더라면." "하필 왜 지금 다치게 하셨을까." 아쉬움은 조금씩 원망으로 바뀐다.

우리는 종종 진정한 감사를 모른다. 그래서 "이 정도라서 다행이야"라고 스스로를 위로한다. 하지만 그건 감사라기보다 현실을 부정하거나 억지로 생각을 바꾸려는 말일지도 모른다. 그렇다면 '이 정도'가 아니면 우리는 감사하지 않을 것인가.

다치거나 아픈 사람이 처음부터 "그럼에도 감사합니다" 하고 고백하기란 쉽지 않다. 시간이 필요하다. 감사는 억지가 아니라 자라나는 것이다. 천천히, 기다림 속에서 함께 온다. 기다림이라는 시간은 우리에게 은혜를 남긴다. 현실을 바꾸지는 않지만, 현실을 바라보는 눈을 바꿔 준다. 그래서 상황은 여전히 최악인데, 내 마음은 오히려 단단해진다.

기다림의 시간을 통해 우리는 진짜 감사를 배우게 된다. 내 상황에 감사하는 것이 아니라, 그 상황을 이끄시는 하나님께 감사하게 된다. 눈에 보이는 변화가 없어도 그 안에 하나님이 함께 계심을 믿게 된다.

어려움이 곧바로 끝나지 않을 수도 있다. 몸이 당장 낫지 않을 수도 있다. 그래도 하나님은 반드시 회복의 길로 이끄신다. 그 과정 속에서 마음도 자라게 하신다. 감사는 억지 고백이 아니라 하나님과 함께 걸어온 시간 끝에 맺히는 열매다.

확인하고,
또 확인한다
잘못일까 싶어
앞으로 나아가지 못한다

작은 결정도
나에게는
너무 어렵다

하나님, 제가 정할게요

주사를 많이 맞아 양쪽 팔이 멍투성이가 되었다. 고통을 참을 수 없어 진통제 버튼을 자꾸 누르다 보니, 속이 울렁거린다. "하나님, 지금 너무 아픕니다. 이 시간을 통해 하나님을 만나게 해주세요." 이렇게 기도해 보지만 달라지는 건 없다. 이토록 고통스러운 순간에도 하나님을 체험하는 신비는 일어나지 않는다. 하나님이 정말 나를 사랑하신다면, 정말 살아 계시다면, 한 번쯤은 찾아와 주실 법도 한데.

혼자 힘으로 버티는 이 시간, 말씀은 눈에 잘 들어오

지 않고, 기도는 오래 하지도 못하겠다. 설교 영상을 보아도 곧 잠이 쏟아진다. 지친 몸으로 평소처럼 하나님을 찾는 일이 너무 어렵다. "하나님은 늘 함께하신다"는 말로 스스로를 애써 위로하지만, 이토록 아픈 순간에도 하나님이 아무 일도 하지 않으시는 것 같아 참 슬프고 서럽다.

기다림이 길어지면 사람은 스스로 상황을 해석하기 시작한다. "그래, 하나님이 내게 이 병을 주신 거야. 하나님은 지혜로운 분이니까, 이 고통도 필요한 거겠지." 기도도 깊이 하지 않았고, 하나님의 뜻을 구해 보지도 않았는데, 나는 이미 결론을 내린다. '아무래도 이건 하나님의 뜻인 것 같아.' 그렇게 믿음을 타협해 버린다.

하나님은 내게 좋은 결과를 주셔야 한다고 여긴다. 내가 바라는 것이 이루어지면 그게 곧 하나님의 뜻이라 믿는다. 그러면서 나는 하나님보다 앞서 나간다. 내 기준을 하나님의 뜻이라 단정 짓는다. 심지어

병상에 얼마나 더 머물러야 하는지, 그 기간마저도.

지금의 문제는 질병 때문만이 아니다. 진짜 더 깊은 문제는 영혼의 병이다. '내가 만든 하나님'을 믿어 온 나에게 하나님은 조용히 말씀하신다. "너의 육신의 병보다 영혼의 병이 더 심각하단다."

열리지 않는 문도 있다

기적을 꿈꾸며 기도한다. 좋은 결과를 믿고 순종한다. 남들이 포기한 자리에서도 하나님을 신뢰하며 도전한다. 하지만 살다 보면 그런 믿음의 선택이 문득 후회될 때가 있다.

위대한 선지자 엘리야도 그랬다. 그는 하나님을 믿고 바알과 아세라 선지자들과 싸웠다. 불이 하늘에서 내려오는 놀라운 기적을 보았다. 엘리야는 그 기적 앞에 이스라엘이 달라질 것이라 믿었다. 그러나 현실은 달랐다. 엘리야는 오히려 죽음의 위협 속에서 절망의 나락으로 떨어졌다.

우리도 그렇다. 하나님을 바라보고 기대하지만 현실은 냉정하다. 기도도 하고, 순종도 했지만 변화는 없다. 그렇게 애썼는데도 달라지지 않는다. 결국 하나님께 실망하고, 어디론가 도망치고 싶어진다.

그럴 때, 기억해야 할 것이 있다. 우리는 하나님의 계획을 다 알 수 없다는 것. 그리고 우리를 향한 그분의 신실하심은 결코 변하지 않는다는 것. 하나님은 아신다. 우리가 무너진 후에야 비로소 더 단단해질 수 있다는 걸. 오래된 집은 덧댄다고 나아지지 않는다. 부수고 처음부터 다시 지어야 할 때가 있다. 흔들리며 버티는 것보다 가끔은 완전히 무너져야 하는 상황이 나을 때도 있다.

우리 삶은 내 뜻이 아니라 하나님의 뜻이 이루어져야 한다. 내 계획이 아니라 하나님의 인도하심에 맡겨야 한다. 내가 옳은 것이 아니라 하나님이 옳으신 것이다. 그리고 그분이 이끄시는 길, 그 길이 결국 가장 좋은 길이다. 그것을 믿어야 한다.

PART 4.

빈손을
꼭 쥐다

■

회복이 일어나는 자리

사람들을 만나기 싫어질 때가 있다. 기다림의 시간이 길어지면 그렇다. 실패가 반복되고, 절망이 쌓일수록 자존감은 바닥을 친다. 사람들을 만나는 게 창피해진다. 어느 순간, 공동체에서 멀어지고 싶은 마음이 슬그머니 자라난다. 기다림이 길어지면 자신을 드러내는 일이 쉽지 않다.

무언가 이룬 후에, 좀 더 괜찮은 모습으로 사람들 앞에 서고 싶은데, 그게 잘 안 되니 점점 숨어 버리고 싶어진다. 사람도 싫고, 누군가 내 상황을 묻는 것도 싫다. 묻는 말에 대답하는 일조차 피하고 싶다. 스스로 위로한다. "상황만 좋아지면 다 괜찮아질 거야." 그런데, 정말 그럴까?

예수님도 세례 요한이 죽은 뒤, 사람들을 피해 한적한 들판으로 가셨다. 예수님조차 고통과 상실 앞에서 홀로 있는 시간이 필요하셨다. 그런데 사람들이 그 한적한 곳까지 따라왔다. 예수님은 그들을 보고 긍휼히 여기셨다. 그리고 다시 복음을 전하시고, 병든 자를 고치셨다.

우리가 하는 일이 잘 안 되는 것과 우리 존재 자체가 쓸모없다는 건 다른 이야기다. 그런데 혼자 있는 시간이 길어지면 우리는 이 둘을 같은 것으로 착각한다. 고립된 곳에서는 회복이 일어나지 않는다. 아무것도 없는 빈들에서 마음이 저절로 회복되지는 않는다. 창피하고, 부끄러운 마음이 들수록 우리는 자꾸 혼자 있으려 한다.

그러나 진짜 변화는 하나님이 나를 왜 부르셨는지 그 이유를 깨달을 때 온다. 우리를 기다리는 이들을 만나야 한다. 우리를 필요로 하는 사람들을 통해 하나님은 우리의 존재 이유를 다시 확인시켜 주신다. 그리고 회복시키신다. 숨지 말자. 도망치지 말자. 우리를 기다리는 그 낮은 곳으로 가자.

기도를 들으신다는 확신이 필요할 때

기도에 대한 확신이 흔들릴 때가 있다. 가장 큰 이유는 응답이 없기 때문이다. 기도는 하나님과의 대화이다. 나는 열심히 하나님께 말을 거는데, 하나님은 아무 말씀도 없으신 것 같다. 내가 구한 일이 응답되면 '하나님이 듣고 계셨구나' 생각할 수 있을 텐데, 현실은 그대로다. 기도는 허공에 흩날리는 혼잣말처럼 느껴진다. 기도할수록, 응답이 더딜수록 마음은 점점 더 절박해진다. "하나님, 어서 답을 주세요."

그런데 하나님은 우리의 바람과는 다르게 응답하신

다. 기도의 결과보다 기도하는 그 마음을 더 소중히 여기신다. 포기하지 않고 계속 하나님께 나아오는 그 마음을. 하나님은 기도 자판기가 아니다. 우리가 원하는 대로 즉시 움직이시는 분이 아니다. 하나님은 우리의 뜻을 이루어 주시는 분이 아니라 하나님의 뜻을 이루어 가시는 분이다.

하나님의 시간은 우리의 시간과 다르다. 그 사이의 길고도 깜깜한 틈, 우리는 그것을 기다림이라고 부른다. 조급해하지 말자. 하나님은 지금도 그분의 시간에 따라 일하고 계신다. 우리가 진짜 붙들어야 할 것은 기도 '응답'이 아니라, "하나님이 내 기도를 듣고 계신다, 그리고 반드시 응답하신다"는 이 믿음 하나다.

우리는 불쌍한 사람이 아닙니다

사람들은 예수님을 그저 나사렛 출신 청년이라 여겼다. 하지만 시각장애인 바디매오는 달랐다. 그는 예수님을 '다윗의 자손', 즉 메시아라 불렀다. 예수님을 직접 본 사람들은 그분이 누구인지 몰랐지만, 보지 못하는 바디매오는 예수님이 메시아임을 알아보았다.

바디매오는 예수님께 자신을 불쌍히 여겨 달라고 크게 외쳤다. 사람들은 시끄럽다고 그를 막았지만, 바디매오는 더 크게 예수님을 불렀다. 그 외침에 예수님은 걸음을 멈추셨고, "내게 무엇을 원하느냐" 물으셨다. 바디매오는 "보고 싶습니다"라고 대답했다. 그러자 그의 눈이 열렸다. 예수님은 그가 불쌍해서 고쳐 주신 것이 아니라 그의 믿음 때문에 고쳐 주신 것이다.

하나님은 우리의 어려운 상황 자체에 반응하지 않으신다. 그 안에서 드러나는 믿음에 반응하신다. 고난 중에는 자신을 불쌍하게 여기기 쉽다. 하나님도 분명 우리를 긍휼히 여기시고 자비를 베푸시는 분이다. 하지만 우리를 그저 불쌍해서만 도우시는 분은 아니다. 고난 속에서도 믿음을 붙들려고 할 때, 하나님은 더 큰 힘을 주신다.

우리는 흔히 고난과 문제 자체에만 주목한다. 하나님께 이 상황을 빨리 해결해 달라고 기도한다. 그러나 하나님의 진짜 관심은 그 문제를 대하는 우리의 태도에 있다. 상황보다 믿음과 태도를 보신다.

그리스도인은 고난이 없는 사람이 아니라, 고난 속에서도 무너지지 않는 믿음으로 살아가는 사람이다. 함께하시는 예수님 때문에 더 이상 두려움 없이 살아가는 것, 이것이 바로 그리스도인의 삶이다. 기다림의 시간을 통해 우리는 하나님을 더 깊이 신뢰하게 된다. 그리고 마침내 알게 된다. 이 고난의 시간이 우리에게 얼마나 큰 영광이 되는지를. 그러니 자신을 불쌍히 여기며 이 시간을 보내지 말라. 하나님에 대한 믿음을 흔들림 없이, 더 견고하게 만들어 가라.

"모든 은혜의 하나님 곧 그리스도 안에서 너희를 부르사 자기의 영원한 영광에 들어가게 하신 이가 잠깐 고난을 당한 너희를 친히 온전하게 하시며 굳건하게 하시며 강하게 하시며 터를 견고하게 하시리라"(벧전 5:10).

무심코 던진 말
화나게 하는 말
무시하는 말

반응하지 말 것
나와는 상관없는 말

기다림과 함께 지내는 법

기다림이 오래되면 누구나 흔들린다. 고통의 세기보다 괴로운 것은, 끝이 보이지 않는 시간이다. 힘들 땐 아무 생각도 나지 않는다. 당장 너무 힘들기 때문에 생각할 틈조차 없다. 하지만 나를 응원하고, 기도하던 이들이 하나둘 씩 떠나고, 기다림의 끝이 보이지 않으면 조금씩 마음이 달라지기 시작한다.

"하나님은 왜 아무 일도 하시지 않을까?"
"예수님은 기적을 일으키시는 분인데, 왜 내 삶에는 아무런 변화가 없을까?"

힘든 일을 겪을 때마다 하나님이 바로바로 도와주신다면 더 쉽게 믿을 수 있을 것만 같다. 우리는 오랜 고난 속에서 잘못된 해답을 붙잡기 쉽다. "하나님은 고난을 없애 주셔야 해." "믿는 자에겐 형통이 따라야 해."

예수님의 고난도 끝이 보이지 않았다. 하지만 그분은 십자가를 피해 가지 않으셨다. 그 무거운 시간, 예수님은 끝까지 견디셨다. 그리고 우리가 어떻게 살아야 하는지를 몸소 보여 주셨다.

우리는 쓸모없는 것은 쉽게 버린다. 그러나 귀중한 것은 쉽게 버리지 않는다. 지금 내가 겪는 이 기다림, 이 고난, 삶이 계속 흔들리는 이 시간 속에서, 나는 정말 이 보배로운 믿음을 지켜 내려고 애쓰고 있는가? 고난이 찾아올수록 내 믿음은 나빠지고 있는가, 아니면 더 굳건해지고 있는가?

"이로써 그 보배롭고 지극히 큰 약속을 우리에게 주사 이

약속으로 말미암아 너희가 정욕 때문에 세상에서 썩어질 것을 피하여 신성한 성품에 참여하는 자가 되게 하려 하셨느니라"(벧후 1:4).

우리의 거짓말

베드로. 사람들은 그를 떠올릴 때 가장 먼저 예수님을 세 번 부인한 일을 말한다. 하지만 그는 예수님을 사랑하던 훌륭한 제자였다. 물 위를 걸었던 사람. 예수님을 하나님의 아들이라 고백했던 사람.

그럼에도 우리는 '세 번 부인한 제자'로 그를 먼저 기억한다. 예수님이 잡히시기 전날 밤, 제자들은 서로 누가 더 높은 자리에 오를지를 두고 논쟁했다. 그리고 모두가 예수님 곁에 끝까지 남겠다고 다짐했다. 그중 베드로는 유난히 더 큰소리를 냈다. "다른 사람은 몰라도 저는 절대 예수님을 떠나지 않겠습니다!" 하지만 예수님은 말씀하셨다. "넌 나를 세 번 부인하게 될 거야."

베드로는 예수님이 왕이 되실 거라 믿었을 것이다. 십자가에 달리실 거라곤 상상조차 못했을 것이다. 그래서 그는 자신 있게 말했는지도 모른다. 끝까지 함께하겠다고. 하지만 현실은 달랐다. 겁에 질린 베드로는 예수님을 세 번 부인했고, 그렇게 확신했던 다짐은 거짓이 되었다.

우리도 마찬가지다. 예상에서 벗어난 현실 앞에서 우리는 자신의 다짐을 쉽게 접는다. "이번만 도와주시면 더 잘할게요." "일이 잘 되면 헌금도, 봉사도 열심히 하겠습니다." "시험에 붙으면, 기도도 다시 시작할게요." 하나님께 정말 많이도 약속한다. 그 밤의 베드로처럼.

그러고는 말한다. "하나님, 어쩔 수 없었어요." 시간이 지나면 우리의 확신은 흔들리고, 약속은 흐려진다. 하지만 하나님은 다르시다. 상황에 따라 마음을 바꾸지 않으신다. 우리를 향한 약속을 끝까지 지키신다.

오늘도 기약 없는 기다림 속에서 나는 내 믿음의 바닥을 본다. 힘든 일이 생겨야 기도하고, 문제를 해결해 주셔야 충성하겠다고 말하는 나. 그런 우리에게 하나님은 조용히 물으신다. "상황이 변하지 않아도, 오히려 더 나빠진다 해도, 넌 여전히 나를 신뢰할 수 있겠니?"

타인의 시선이 삶의 기준이 되면
낮은 자존감의 늪에서
헤어 나올 수 없다

자존감은 능력이나 조건처럼
쌓는 것이 아니다
처음부터 주어진 것이다

얼음은 부수는 것이 아니라 녹이는 것

흔들리지 않고, 포기하지 않고, 끝까지 견뎌 내는 것. 우리는 보통 이런 모습을 인내라고 말한다. 그래야 원하는 결과에 도달할 수 있다고 믿는다. 하지만 하나님이 말씀하시는 인내는 조금 다르다.

하나님은 노아의 시대, 비가 내리기 전까지 오래 참으셨다. 광야를 떠도는 이스라엘을 끊임없이 인내하셨다. 사사 시대, 수없이 반복되는 백성의 배신을 참아 주셨다. 포기와 체념 사이에서 버티는 것 같은 조용한 기다림. 쉽게 달라지지 않는 현실을 묵묵히 받아들이는 것. 하나님은 이런 것들도 인내라고 말씀하신다.

우리는 기다림의 시간을 강하고 견고한 자발적인 참음으로 채우려 한다. 하지만 실제로 기다림이라는 터널을 지나는 동안 우리는 많이 포기하고, 많이 내려놓고, 조용히 체념하며 견뎌 내기도 한다. 인내에는 적극적이고 능동적인 기다림도 있지만, 소극적이고 수동적인 오래 참음도 있다.

하나님은 모든 상황을 즉시 바꿀 수 있는 분이다. 하지만 우리를 억지로 변화시키시진 않는다. 무르익기를 기다리시는 농부처럼. 방황하는 자녀를 기다리는 부모처럼. 그렇게 하나님은 기다리신다. 기다림의 시간에 필요한 인내란, 내가 바꿀 수 없는 상황 속에서 배우게 되는 태도다. 지금 우리가 겪는 답답하고 기약 없는 시간 안에서 하나님은 우리에게 묵묵히 참아 내는 인내의 깊은 의미를 가르쳐 주신다.

모든 것을 빼앗기는 시간

오른팔을 다치고 나니 혼자 할 수 있는 일이 줄어들었다. 세수도 힘들고, 옷을 입는 것도 어렵다. 허리까지 다치자 상황은 더 나빠졌다. 가벼운 물건 하나 들지 못해 물 한 잔 마시거나 화장실에 가는 일조차 가족의 도움이 필요했다.

이렇게 우리는 소중한 것들을 잃고 나서야 그 가치를 알게 된다. 사랑을 잃고, 평범한 일상을 잃고 나서야 그것들이 얼마나 귀했는지를 깨닫는다. 사람은 잃어 본 후에야 진짜 중요한 것이 무엇인지 비로소 알게 되는 존재다.

기다림은 시간을 잃는 일이다. 마음을 잃는 일이기도 하다. 원하는 것을 얻지 못하고, 손이 닿지 않아 답답하고 무력해진다. 하지만 그런 시간을 겪으며 우리는 알게 된다. 평소 당연하게 여겼던 것들이 얼마나 소중했는지를.

그리고 그 시간을 잘 견디고 나면 힘들었던 기억보다 감사의 마음이 더 많이 남는다. 기다림은 우리가 미처 알지 못했던 소중한 것들이 늘 가까이에 있었음을 알려준다. 감사하지 못했던 수많은 일상이 사실은 선물이었다는 것을 조용히 가르쳐 준다.

때로는 너무 힘들어서 모든 걸 잃은 것 같은 순간이 온다. 믿음이 흔들리고, 사람들에게 실망하고, 예배와 기도조차 멀게만 느껴질 수 있다. 하지만 그런 시간조차 지나고 나면, 하나님이 얼마나 소중한 분이신지를 더 깊이 깨닫게 된다. 낙심과 포기 대신 소망과 사랑을 다시 노래하게 된다.

결국 기다림이란, 내가 무엇을 소중히 여겨야 하고 무엇에 감사해야 하는지를 배우는 시간이다.

염려가 먼저 찾아옵니다

몸이 아파 일을 쉰 적이 있다. 처음 며칠은 오랜만에 바쁜 일상에서 벗어나 쉼을 누리는 것이 좋았다. 하지만 일주일이 채 지나지 않아 걱정이 싹트기 시작했다. 예상보다 치료가 오래 걸리자 불안과 두려움이 점점 커졌다.

하루가 너무 길게 느껴졌다. 해야 할 일은 많았지만, 정작 할 수 있는 일은 별로 없었다. 마음은 패배감과 낙심으로 가득 찼다. 사람들과의 연락도 끊고, 집에만 머무는 날이 많아졌다. 하루하루를 어떻게 버텨야 할지 자신이 없었다. 경제적인 부담은 점점 커졌고, 걱정과 근심은 머릿속을 가득 채웠다. 어느새 나는 웃음을 잃어 가고 있었다.

그렇게 2년이라는 시간이 흘렀다. 당장이라도 무너질 것 같던 하루하루를 어떻게든 견뎌 냈다. 처음엔 두려웠지만, 막상 겪어 보니 버틸 수 있었다. 쉽지는 않았다. 내가 강해졌다기보다 그저 상황에 적응했을 뿐이다. 잘해 낸 시간이라기보다 할 수 없으니 참고 버틴 시간이었다.

걱정하던 일들이 전혀 일어나지 않은 것도 아니었다. 하지만 예상하지 못한 방식으로 하나님의 도우심을 경험하기도 했다. 이 시기는 염려가 사라졌던 시간은 아니었다. 오히려 불안하고 걱정스러운 날이 더 많았다. 그럼에도 하나님이 계셨기에 견딜 수 있었다. 모든 것이 지난 지금, 돌아보니 결국 잘 지나왔다고 말할 수 있다.

걱정거리들은 완전히 사라지지 않는다. 하지만 기다림의 시간을 지나며 염려하지 않아도 된다는 것을 배운다. 우리를 자유롭게 하는 건 염려가 사라지는 순간이 아니라, 그 염려 속에서도 주님과 함께 있다는 사실이다. 염려한 일의 대부분은 결국 일어나지 않는다. 하지만 주님의 계획은 언제나 이루어진다.

"너희 염려를 다 주께 맡기라 이는 그가 너희를 돌보심이라" (벧전 5:7).

분별하는 시간

우리는 좋은 사람들과 함께하고 싶어 한다. 신뢰할 수 있고 의리를 지키는 사람, 따뜻한 마음을 가진 사람과 오래 관계 맺기를 바란다. 하지만 정상에 있을 때는 누가 그런 사람인지 알기 어렵다. 인생이 내리막을 타고 바닥을 칠 때쯤이 되어서야 모든 것이 드러난다. 기다림의 시간을 보낼 때, 아무 조건 없이 곁을 지켜 주는 진짜 친구와, 이유가 사라지면 조용히 떠나는 필요한 사람의 차이를 비로소 알게 된다.

마가복음 2장에서 중풍병자를 데리고 예수님께 간

친구들 이야기. 그들은 사실, 그렇게까지 할 필요는 없었다. 남의 집 지붕을 뜯어야 했고, 아마 수리비도 감당해야 했을 것이다. 사람들의 따가운 시선도 기꺼이 감수했다. 그런데 더 놀라운 건, 그들이 가족도 아닌 친구들이라는 사실이다. 그들은 진짜 친구들이었다. 중풍병자는 움직일 수 없었지만, 그들의 사랑 덕분에 예수님 앞에 갈 수 있었다.

인생의 가장 힘든 시간을 기다림 속에서 통과할 때, 우리는 공동체의 진짜 의미를 알게 되고, 돌봄과 사랑이 어떻게 하나님의 손길이 되는지 경험하게 된다. 기다림의 시간이 깊어질수록 내 곁에 누가 남는지를 보라. 결국 진짜만 남는다. 그리고 나도 누군가에게 그런 '진짜'가 되어야 한다. 주님이 우리에게 그렇게 대해 주셨던 것처럼.

"이제부터는 너희를 종이라 하지 아니하리니 종은 주인이 하는 것을 알지 못함이라 너희를 친구라 하였노니"

(요 15:15).

혼자가 되어 보는 시간은
외로움, 두려움, 불안이
사랑, 용기, 평안이 되는 시간입니다

내 곁에 두고 싶은 사람

사람을 차별해선 안 된다. 하지만 구별은 필요하다. 왜냐하면 사람은 서로에게 생각보다 많은 영향을 주기 때문이다. 특히 내가 속한 공동체는 그 영향을 고스란히 받는다.

이기적이고 자기중심적인 사람이 곁에 오래 머물면, 나도 어느새 그를 닮아 간다. 돈 이야기만 하는 사람과 함께 있으면 나도 모르게 마음이 그쪽으로 기운다. 유흥을 즐기는 사람 곁에 있으면, 어느새 그들을 좇아 가게 된다.

반대로 하나님의 뜻을 따라 살아가려는 사람과 함께 하면 나도 조금씩 그렇게 변해 간다. 항상 기도하는 사람 옆에 있으면 나도 기도하게 되고, 찬양하는 사람 곁에 있으면 나도 어느새 찬양을 흥얼거리게 된다. 자신의 꿈보다 하나님의 뜻을 좇아 사는 사람을 가까이하다 보면 나도 그렇게 닮아 간다.

우리는 기다림의 시간을 의미 있게 보내고 싶어 한다. 하나님이 주신 소중한 시간이라 여기며 신중하게 걸어가고 싶어 한다. 그런데 곁에 있는 사람들이 툭툭 던지는 말 때문에 그 시간이 흔들릴 때가 있다.

"기도해도 달라지는 건 없어."
"결과가 이게 뭐야."
"하나님은 왜 이런 길로 인도하시는 거야."

내가 어떤 사람이 될지는 마음대로 하기 어렵지만, 내 곁에 어떤 사람을 둘지는 내가 선택할 수 있다. 이 부분만큼은 내 결정으로 바꿀 수 있다. 그러니 나쁜 영향을 주는 사람을 잘 분별하자. 모든 사람과 잘 지내려다 하나님과 멀어지지 말고, 사람을 붙들려다 하나님을 놓치지 말자.

어떤 것도 우리를 흔들 수 없어요

우리 삶엔 뭔가 술술 풀리고 계획대로 흘러갈 때보다 일이 막히고 생각한 대로 되지 않을 때가 훨씬 많다. 예상하지 못한 문제가 터지고, 해결 방법이 보이지 않으면 "이제 끝이다" 싶은 마음이 올라온다. 그 낙심과 상실감이 얼마나 큰지 우리는 안다. 그래서 우리는 되도록 안전하게 움직이려 한다.

조금 해 보다 실패할 것 같으면 빨리 접고 방향을 틀어 버린다. 아예 멈춰 버리거나 시작조차 하지 않을 때도 있다. 실패의 충격은 우리를 쓰러지게 만들고,

심하면 일어나고 싶지 않을 만큼 기운을 빼앗는다.

이스라엘 백성도 그랬다. 애굽에서 벗어나자 곧바로 군대가 쫓아왔다. 앞엔 바다, 뒤엔 적들. 길이 없어 보였다. "완전 망했어!" 절망이 밀려왔다. 하지만 그때, 하나님이 길을 여셨다.

바다가 갈라졌다. 홍해를 건넌 뒤에도 문제는 계속됐다. 물도 없고, 먹을 것도 없었다. 그들은 다시 낙심하고, 하나님을 원망했다. 하지만 하나님은 다시 채워 주셨다. 물이 생겼고, 만나가 내렸다. 그들은 결국 약속의 땅으로 걸어 들어갔다.

우리도 그렇다. 인생의 위기, 끝없는 기다림, 반복되는 좌절. 그 모든 것이 삶의 끝은 아니다. 하나님은 끝이라고 느껴지는 바로 그 자리에서 새로 길을 만드신다.

내 힘이 닿지 않는 그 지점이 하나님이 일하시는 출

발점이다. 내 약함의 끝에서 하나님의 강하심이 드러난다. 내 무능함이 멈춘 자리에서 그분의 전능하심이 시작된다.

꼭 눈에 보이는 성공이어야 할 필요는 없다. 포기하지 않는 것만으로도 충분하다. 현실은 과정일 뿐, 결과가 아니다. 내가 멈추지 않으면, 하나님은 계속 일하신다. 내가 다 왔다고 느끼는 그 끝이 하나님의 새 길이 시작되는 지점일지도 모른다.

주님과 함께라면, 결코 망하지 않는다. 그러니 너무 성급하게 끝났다고 말하지 말자. 주님이 끝내기 전까지는 아직 끝이 아니다.

PART 5.

마침내,
조용히
찾아드는 은혜

혼자가 되어 보지 않고는

예수님의 인생은 십자가를 향한 기다림이었다. 그분은 십자가를 지기 위해 공생애를 시작하셨고, 한 번도 망설임 없이 그 길을 걸으셨다. 제자들과의 마지막 식사 자리에서 예수님은 자신을 팔아넘길 제자의 발까지 조용히 씻기셨다. 사랑과 섬김의 본을 남기셨다. "서로 사랑하며, 섬기며 살아가라." 그것이 예수님의 마지막 부탁이었다.

그 밤, 예수님은 두렵지 않으셨을까? 십자가를 앞두고 기쁘고 설레는 마음이셨을까? 긴 기다림 끝에 만난 십자가의 시간이 행복했을까? 겟세마네 동산의 기도를 보면, 결코 그렇지 않았다는 걸 알 수 있다. 예수님은 제자들에게 자신을 위해 기도해 달라고 부탁하셨다. 그리고 그들을 떠나 홀로 엎드려 기도하셨다. 새벽의 어둠 속, 얼굴의 핏줄이 터질 만큼 간절하게, 떨리는 마음으로, 숨죽이며, 아버지를 찾으셨다. 십자가는 그만큼 고통스러운 것이었다.

제자들은 그 시간에도 잠들어 있었다. 예수님은 그들을 다시 깨우셨다. "나와 함께 깨어 있어 달라" 부탁하셨지만, 다시 홀로 남겨지셨다. 그 밤, 예수님은 철저히 혼자였다. 그럼에도 절망하지 않으셨다. 기도를 멈추지 않으셨다. 그리고 결국, 십자가의 자리를 피하지 않으셨다.

인생에도 그런 순간이 온다. 결정해야 할 일은 많고, 곁에는 아무도 없다. 위로도, 조언도, 기도해 줄 사람도 보이지 않는다. 그때가 가장 외롭다. 하지만 바로 그때, 믿음은 자란다. 내 곁엔 아무도 없지만 하나님이 나와 함께하신다는 것. 그 사실이 가장 깊이 새겨지는 시간이다.

어쩌면 예수님은 그 겟세마네의 기도를 잘 드리기 위해 늘 혼자 기도하는 시간을 가지셨던 것인지도 모른다. 홀로 하나님 앞에 서는 사람, 그가 결국 자기 십자가를 감당할 수 있다.

물론 함께라면 좋다. 위로가 되고, 힘이 된다. 하지만 각자에게 맡겨진 십자가는 결국 혼자 지는 것이다. 그래서 우리는 혼자 있는 연습을 해야 한다. 사람을 찾느라 지치지 말고, 하나님과 둘만의 시간을 만들어 보라. 하나님 앞에 홀로 서는 시간의 가치는 인생의 가장 중요한 순간에 분명하게 드러난다.

묻지 말아 주세요

기다림의 시간이 길어지면, 많은 이에게 기도를 부탁하게 된다. 하지만 진짜 어려운 시간은 그다음부터다. "어떻게 됐어?" "조금은 나아졌어?" "좋은 결과가 있을 거야." 다 잘되기를 바라는 말인데, 부담스럽게 느껴질 때가 있다. 격려도, 응원도, 위로도 자꾸만 내 마음을 불편하게 만든다. 오히려 불안해진다. 사실 누구도 나를 비난하지 않았지만 마치 난 실패한 사람인 것 같아, 사람을 피하게 된다.

한두 번은 괜찮다. 하지만 시간이 길어지고 별다른

소식이 없을수록 설명하는 것조차 지친다. 나도 잘 모르는데, 무엇을 말할 수 있을까? 알고 보면 문제는 나를 걱정해 주는 사람들에게 있는 게 아니었다. 빨리 결과를 내고 싶어 하는, 조급한 내 마음에 있었다. 내가 원하는 때에 결과가 나오지 않아서 생긴 불안 때문이었다.

하지만 진짜 믿음은 하나님이 정하신 때까지 묵묵히 기다릴 줄 아는 것이다. 아직 열매가 없다고 부끄러워할 필요가 없다. 그건 실패가 아니라, 성숙의 시간이다. 하나님의 때는 늘 늦는 것 같지만 돌아보면 가장 정확하다.

그러니 조급해하지 말자. 사람들의 시선보다 하나님께 드리는 과정이 더 중요하다. 결과보다 정직한 기다림을. 칭찬보다 하나님의 시선을. 우리는 그걸 바라보며 끝까지 기도하면 된다.

도저히 이해할 수 없는 시간들

회당장 야이로의 딸이 죽어 가고 있었다. 야이로는 예수님께 달려가 간절히 도움을 청했고, 예수님은 그의 간절함을 보시고 함께 집으로 향하셨다. 그런데 그 순간 갑자기, 가던 길을 멈추신 예수님. 혈루병 앓던 여인이 조용히 예수님의 옷자락을 만졌고, 병이 나았다.

예수님은 그냥 지나치지 않으셨다. 굳이 찾지 않으셔도 될 여인을 일부러 부르시고, 무슨 일이 있었는지를 끝까지 들으셨다.

야이로는 어땠을까? 한 걸음, 한 순간이 급했을 텐데 그 마음을 꾹 누른 채, 예수님이 다시 움직이시기만을 기다렸을 것이다. 그러나 결국, 딸이 숨을 거두었다는 소식을 전해 듣는다. 그의 마음은 무너졌을 것이다. '왜 말리지 못했을까, 왜 더 간절히 부탁하지 못했을까.' 후회가 밀려 왔을 것이다.

야이로는 예수님도, 자기 자신도 원망스러웠을지 모른다. 그런데 그 자리에서 예수님이 이렇게 말씀하셨다. "두려워하지 말고, 믿기만 하라."

하지만 결과는 모두가 아는 것처럼, 딸이 살아났다. 예수님은 야이로의 간절함을 아셨고, 그가 끝까지 신뢰하며 기다린 것을 보셨다. 그래서 아픈 아이가 회복되는 것보다 놀라운 기적, 아이가 살아나는 은혜를 허락하셨다.

우리는 종종 생각한다. 기다리면 손해라고. 시간이 지나면 기회를 잃는다고. 그런데 예수님은 우리가 끝났다고 여기는 그 자리에서 다시 시작하신다. 가장 절박한 순간에도 예수님을 끝까지 신뢰하는 이에게는 기적이 머문다. 그분은 결코 늦지 않게 오신다.

탁월함보다 중요한 것

눈에 띄게 예쁜 사람, 뛰어난 실력을 가진 사람은 어디서든 주목을 받는다. 평범함을 넘어선 특별함은 늘 부러움의 대상이다. 그래서 우리도 자꾸 그런 능력을 갖고 싶어 한다. 더 나은 사람이 되고 싶고, 더 인정받고 싶어 한다.

신앙 안에서도 비슷하다. 우리는 종종 다니엘을 자녀들의 모델로 삼는다. 그의 믿음도 훌륭하지만, 왕 앞에서도 인정받았던 그 사회적 위치가 더 부러워서다. 그래서 기도한다. 우리 아이가 다니엘처럼 신앙도 좋고 실력도 뛰어난 사람이 되기를. 그러다 보면 우리의 목표도 조금씩 바뀌어 간다. '어떤 분야에서 탁월해져 하나님께 영광을 돌리는 것'이 되어 버린다.

하지만 질문해 보자. 그게 정말 하나님의 방식일까? 세상은 경쟁을 통해 최고의 사람을 '선발'한다. 실력, 조건, 스펙을 기준으로 뽑는다. 바벨론 왕도 다니엘을 '선발'했다. 탁월하니까 데려갔다.

그러나 하나님은 다르시다. 하나님은 다니엘을 '선택'하셨다. 선발은 실력이나 조건을 보고 뽑는 일이지만, 선택은 사랑과 믿음으로 부르는 일이다.

하나님은 우상을 만들던 아브라함을 믿음의 조상으로 선택하셨다. 거짓말을 잘하던 야곱을 통해 이스라엘 열두 지파의 시작을 여셨다. 실패한 인생이던 모세를 지도자로 세우셨고, 무대 뒤에 있던 여호수아를 후계자로 부르셨다. 목동 다윗을 왕으로 기름 부으신 것도 마찬가지다.

예수님은 제자들의 실력을 테스트하지 않으셨다. 가난한 어부, 세리, 세상에서 미움받던 이들, 누구도 눈여겨보지 않던 평범한 사람들을 부르셨다. 예수님의 기준도 선발이 아니라, 선택이었다.

만약 하나님이 실력만 보신다면, "외모가 아니라 중심을 보신다"는 말씀은 존재하지 않았을 것이다. 하나님은 약한 사람, 가난한 사람, 미련한 사람도 사용하셔서, 세상의 기준을 뛰어넘으신다.

물론 그리스도인도 탁월해지기 위해 노력해야 한다. 하나님도 우리에게 능력을 감추라 하지 않으셨다. 하지만 비범함이 곧 목표가 되어서는 안 된다. 하나님이 기뻐하시는 것은 겸손과 순종이다. 세상이 말하는 성공과 기준, 무조건 탁월해야 한다는 그 틀에서 벗어나 보자.

"그러나 하나님께서 세상의 미련한 것들을 택하사 지혜 있는 자들을 부끄럽게 하려 하시고 세상의 약한 것들을

택하사 강한 것들을 부끄럽게 하려 하시며, 하나님께서 세상의 천한 것들과 멸시 받는 것들과 없는 것들을 택하사 있는 것들을 폐하려 하시나니 이는 아무 육체도 하나님 앞에서 자랑하지 못하게 하려 하심이라"(고전 1:27-29).

기다림이 끝나면 복을 받나요?

엘리야와 엘리사가 살던 시대는 북이스라엘에서 우상숭배가 가장 극심했던 시기였다. 하나님을 믿고 따르기에는, 그 어느 때보다도 힘든 시대였다. 그런데 놀랍게도, 바로 그때 엘리야와 엘리사를 따르던 제자들이 오히려 더 많아졌다. 신앙을 지키기 어려운 때였지만, 믿음을 붙든 이들은 오히려 늘어난 것이다.

우리는 기다림의 시간을 지나며 믿는다. 기다림의 시간이 결국 내 삶에 축복이 될 것이라는 사실을. 그래서 기대하게 된다. 지금은 보이지 않지만, 잘 견디고 나면 복이 있을 거라고. 그 기다림의 끝에 뭔가 달라질 거라고 말이다.

하지만 곰곰이 생각해 보면 기다림을 잘 견뎠기 때문에 복을 받는 것이 아니라, 그 기다림의 시간 자체가 이미 복이라는 걸 알게 된다. 특히 영적으로 어두운 시기에도 하나님의 부흥은 시작된다. 사람이 많아서, 분위기가 좋아서가 아니라 하나님이 시작하시고 준비하셨기 때문이다.

기다림의 고통이 끝나서 복이 오는 게 아니라, 그 고통을 견뎌 낸 삶이 복이다. 기다림의 끝에서 받는 어떤 선물보다, 기다림을 놓지 않고 걸어온 그 과정 자체가 복이다.

애초에 이런 일이
없었으면 되는 거 아닌가요?
항변하고 싶은 순간에도
하나님은 언제나 나에게
신실한 분이셨다

너무 힘들어서 그래요

한때는 참 열심히 하나님을 찾던 사람이 있었다. 말씀을 붙들고, 기도하며, 간절하게 하나님 앞에 나아가던 사람. 그런데 이제는 그 절박함도, 열정도 보이지 않는다. 기도가 멈췄고, 말씀 앞에 앉는 일도 점점 드물어졌다. 믿음이 식은 걸까, 아니면 하나님에게서 멀어진 걸까?

아니다. 그저 너무 힘들어서 그렇다. 하나님을 찾고 싶지 않은 게 아니라 찾을 힘조차 남아 있지 않아서 그렇다. "긴 병에 효자 없다"는 말처럼, 기다림이 길어지면 믿음도 지쳐 간다. 믿음이 있어야 기다릴 수 있는데, 기다리는 일이 길어지니 믿음도 점점 말라 버리는 것이다.

기다림 속에서도 변화의 기미가 보이면, 그나마 힘이 날 수 있다. 그런데 아무 일도 일어나지 않으면, 무력함이 찾아온다. 이럴 땐 하나만 기억하자. 매번 모든 걸 쏟아붓지 않아도 된다는 것을.

모든 준비가 완벽해야만 다시 시작할 수 있는 게 아니다. 전력 질주해야만 믿음이 있는 것도 아니다. 오히려 한 번에 모든 힘을 다 써 버리면, 다시 일어설 수가 없어진다.

하나님은 우리가 과하게 지치는 걸 원하시지 않는다. 내가 할 수 있는 만큼, 그저 '오늘의 최선'만 해도 괜찮다. '최고의 결과'를 내야 한다고 스스로를 다그치지 말라. 하나님은 당신이 살아 있으려는 마음만으로도 기뻐하신다.

기도를 바꾸는 기다림

해마다 같은 기도를 드렸다. 올해는 꼭 자녀를 주시기를. 한나는 성소에 올라, 간절한 마음으로 기도했다. 하지만 아무 일도 일어나지 않았다. 실망과 좌절, 답답한 마음에 눈물만 흘렀다. 그렇게 쌓인 슬픔과 한을 하나님 앞에 쏟아냈다. 그러던 중, 지금까지 한 번도 해 본 적 없는 새로운 기도가 입술에서 흘러나왔다

간절히 바라는 일이 이루어지기를 기도할 때, 우리 안에 희망이 생긴다. 하지만 기다림이 길어지면, '이

기도를 대체 언제까지 해야 하지?' 하면서 점점 더 답답해진다. 소망은 기도를 붙드는 힘이 되지만, 실망은 기도를 놓게 만드는 이유가 된다.

그럼에도 우리가 계속 기도해야 하는 이유는 끝까지 기도하면 이루어지기 때문이 아니다. 그 기도 속에서 정말 중요한 것을 발견하게 되기 때문이다. 바라던 응답보다, 그 기도를 들어 주시는 하나님이 더 중요하다는 사실을 알게 된다.

기다림의 시간은 기도의 내용을 바꾸고, 기도하는 우리를 바꾼다. 하나님은 그 시간을 통해 우리가 미처 보지 못한 신비롭고 놀라운 계획을 조용히, 깊이, 우리 마음에 심어 가신다.

완벽해지는 시간이 아니다

사람마다 기다림의 시간이 다르고, 응답의 내용이 다르며, 그 시간을 지나는 방식도 다르다. 하지만 우리는 내가 바라는 시간에 내가 간절히 구하던 일이 응답되지 않으면 쉽게 단정해 버린다. "하나님은 내 기도를 듣지 않으셨다." 그동안 드렸던 모든 기도, 기다리며 보낸 시간마저 허무하게 느껴진다. 모두 낭비였다고 여긴다.

때로는 기다림을 짧게 끝내고 빠르게 응답받은 사람을 부러워한다. 그들의 기도에는 어떤 '비법'이라도 있었던 걸까? 나도 비슷하게 기도했는데, 왜 나만 같은 자리에 머물러 있을까? 몇 년째 같은 기도를 반복하고 있는 내 현실이 한없이 초라하게 느껴진다.

수많은 그리스도인이 기다리다 지쳐 믿음을 놓는다. 기도하다가 실족하고, 결국 하나님을 삶에서 조금씩 지워 버린다. 하지만 그런 우리를 하나님은 포기하지 않으신다.

기다림은 단지 무언가를 얻기 위한 시간이 아니다. 그 시간은 내가 완벽해지는 시간이 아니라, 완벽하신 하나님을 만나는 시간이다. 기다림은 결코 낭비가 아니다. 그 시간을 지나며 우리는 결국 하나님을 얻게 된다.

"하나님이 우리를 사랑하시는 사랑을 우리가 알고 믿었노니 하나님은 사랑이시라 사랑 안에 거하는 자는 하나님 안에 거하고 하나님도 그의 안에 거하시느니라"

(요일 4:16).

불안하면 더 바빠진다

무엇이든지 빨리 해결해야 마음이 놓인다. 질문이 끝나기도 전에 답부터 말하고, 다른 사람의 말을 끝까지 듣지 못해 중간에 끊고 만다. 실수를 참지 못하고, 늘 걱정하고, 늘 불안해 한다. 이런 조급함의 원인은 다양하지만 가장 근본적인 원인은 세상을 내 중심으로 해석하고 판단하려는 태도 때문이다. 결국 조급함은 이기적인 마음에서 비롯된다.

하나님은 이 조급함을 그냥 두지 않으신다. 오히려 약속이 지연되는 경험을 통해 우리에게 기다림을 가르치신다. 하나님은 우리가 인내하며 그분을 따르도록 훈련시키신다.

기다림은 내 뜻대로 되지 않는 시간이다. 내가 줄일 수도, 당길 수도 없다. 그래서 우리는 불안해지는 것이다. 통제할 수 없기 때문에. 그러나 실제로 우리 삶은 내 마음대로 선택하고 완성할 수 있는 일이 거의 없다. 그래서 기다림의 시간에 불안을 겪고, 이 불안을 달래기 위해 한없이 분주해지는 것이다.

다윗도 그랬다. 아들 압살롬의 반란을 피해 예루살렘을 떠나 도망하던 어느 날, 그는 이렇게 고백한다.

"내가 누워 자고 깨었으니 여호와께서 나를 붙드심이로다. 천만인이 나를 에워싸 진 친다 하여도 나는 두려워하지 아니하리이다" (시 3:6).

무력한 상황에서도 다윗은 억지로 무언가 하지 않았다. 그는 담담히 기다렸다. 반드시 다시 하나님의 성전에서 예배할 그날을 믿음으로 고백했다. 하나님이 반드시 일하실 것을 믿었기 때문이다.

불안은 내 안에서 나오고, 평안은 하나님께로부터 온다. 분주함은 불안의 열매지만, 진짜 평안은 하나님이 주시는 선물이다. 기다림의 시간이 답답하게 느껴질 때, 우리는 무언가 하려고 애쓴다. 하지만 그 무엇도 하나님만이 주시는 평안을 대신할 수 없다.

가장 불안할 때, 하나님을 찾으라. 그분이 지금까지 어떻게 일하셨는지를 기억하라. 모든 것을 합력하여 선하게 하신 하나님을 찬양하라. 그분은 지금도, 쉬지 않고 우리를 위해 일하고 계신다.

내 뜻대로 되지 않는 시간

시리아의 장군, 나아만. 나병에 걸린 그는 간절히 도움을 요청했다. 엘리사는 그에게 요단강에서 몸을 일곱 번 씻으라고 말했다. 이 말을 듣고 나아만은 화가 났다. 엘리사가 자신을 위해 하나님께 기도드리고, 손을 얹어 고쳐줄 줄 알았다. 그는 특별한 '방식'을 기대했던 것이다. 하지만 하나님의 방법은 그의 기대와 달랐다.

우리도 그렇다. 정말 간절한 마음으로 기대하고 기도했지만 전혀 다른 일이 생기게 될 때, 하나님께 실망하고 하나님을 원망하게 된다.

"이렇게까지 기도했는데……."
"이건 꼭 들어 주셔야 하는데……."
"내 힘으로는 해결할 수 없는 일이기에 하나님께 도우심을 구했던 것인데……."

그러나 성경에서 나아만 장군의 이야기는 여기서 끝나지 않는다. 나아만은 온전히 회복되었다. 모두 자신이 정한 시간과 방식은 아니었지만, 하나님의 계획대로 이루어진 일이었다. 오히려 하나님께서 더 좋은 것을 주셨음을 경험하게 되었다.

기다림은 견딜 수 있을 만큼만 견디는 게 아니다. 그 끝을 정하는 이는 내가 아니라 하나님이시다. 응답이 없는 것이 아니라 내가 그 시간까지 버티지 못하고 포기해 버리는 것일 수도 있다.

하나님은 계획하신 일을 반드시 이루시는 분이다.

내 뜻대로 되지 않는 기다림의 시간은 하나님의 뜻대로 되어 가고 있는 시간이다.

하나님이 그곳에 계시다

대부분 우리는 큰 돌에는 잘 넘어지지 않는다. 눈에 잘 보이기 때문이다. 피할 준비도, 마음의 준비도 할 수 있다. 오히려 사소해 보이는 작은 돌에 더 자주 넘어지고, 더 깊이 다치기도 한다. 예상치 못했던 말 한마디, 작은 오해, 잠깐의 실수. 그 작은 것들이 우리 마음을 크게 흔들고, 우리를 넘어지게 만든다.

그렇기에 예상치 못한 어려움을 이겨 내려면 한 가지 태도가 필요하다. "이런 일은 누구에게나 일어난다." 사실을 그냥 받아들이는 것이다. 넘어질 수 있다. 실수할 수 있다. 그리고 그 자리에서 잠시 머물 수도 있다. 하지만 이것만은 기억하자. 그 자리에 우리만 홀로 있는 것이 아니다. 우리가 알지 못하는 은혜가 언제나 우리 곁에 있다.

"여호와께서 사람의 걸음을 정하시고 그의 길을 기뻐하시나니 그는 넘어지나 아주 엎드러지지 아니함은 여호와께서 그의 손으로 붙드심이로다" (시 37:23-24).

PEDESTRIANS
push button and wait
for signal opposite

WAIT

wait | cross
with care

우리가 이곳에 있는 이유는
단순히 기다림을
견디기 위해서가 아니에요
지금 이 순간도 하나님의 시간임을
알아 가기 위해서죠

오늘을, 매일을,
하나님과 함께 살아 내면 됩니다

에필로그

■

전도서 3장은 말한다. 모든 일에는 때가 있다고. 태어날 때가 있고, 죽을 때가 있으며, 심을 때와 거둘 때, 허물 때와 세울 때가 각각 정해져 있다고. 그때를 사람의 힘으로 앞당기거나 미룰 수는 없다. 아무리 애써도, 우리 뜻대로 되지 않는다.

그래서 사람은 시간을 붙잡으려 한다. 기회를 놓칠까 두려워하고, 한번 지나가면 다시는 돌아오지 않을 것처럼 조급해진다. 하지만 인간의 몫은 때를 바꾸는 것이 아니라 주어진 때를 살아 내는 일이다.

시간의 주인은 하나님이다. 그분만이 시간을 만드시고, 초월하시며, 자유롭게 다스리신다. 늦었다고 느껴지는 그 순간에도 하나님은 여전히 일하신다. 모든 것이 끝난 듯한 자리에서도, 하나님은 거기서 다시 시작하신다.

기다림의 시간을 지나며 하나님께 조금 더 가까워진다. 인생은 타이밍이라고들 말하지만, 결국 인생은 하나님의 뜻에 달려 있다. 굳이 시간을 맞추려 애쓸 필요 없다. 놓쳤을까 불안해할 이유도 없다. 하나님은 실수까지도 사용하시고, 잃어버린 것마저도 새롭게 하시는 분이다. 잃어버린 시간이 아니라 하나님의 시간이 된다.

우리는 종종 무언가를 얻기 위해 기다리다가 지치고, 절망하고, 끝내 포기하곤 한다. 하지만 이 책이 전하려는 이야기는 기다림을 끝까지 통과하자는 것이 아니다. 지금 우리가 걷고 있는 이 기다림의 시간 그 자체에 의미가 있다는 것이다.

그 시간은 단순히 어떤 결과를 향해 흘러가는 여백이 아니다. 하나님의 전능하심과 선하심을 더 깊이 경험하게 되는 은혜의 통로다. 아무것도 일어나지 않는 것 같아도, 그 안에서 우리는 조금씩 자라고, 결국엔 그리스도를 닮은 사람으로 변해 간다.

"때가 이르면 내 말이 이루어지리라"(눅 1:20).

기다림에 필요한 것들
나를 만들어 가시는 하나님의 시간

2025년 6월 10일 초판 1쇄 인쇄
2025년 6월 20일 초판 1쇄 발행

지은이 구현우

펴낸이 고태석
디자인 김수진 | 엔드노트
편집　프롬와이
펴낸곳 구름이 머무는 동안

출판등록 2021년 6월 4일 제2022-000183호
이메일 cloud_stays@naver.com
인스타그램 @cloudstays_books

ISBN 979-11-982676-9-6 (03230)

ⓒ 구현우, 2025

- 이 책의 저작권은 저자와 구름이 머무는 동안이 소유합니다.
- 이 책은 신저작권법에 의하여 보호받는 저작물이므로 무단 전재와 복제를 금합니다.
- 이 책의 전부 또는 일부를 이용하려면 반드시 구름이 머무는 동안의 서면 동의를 받아야 합니다.
- 파손된 책은 구입하신 곳에서 교환해 드립니다.